हिन्दी नाटक : रंग, शिल्प दर्शन

हिन्दी नाटक : रंग, शिल्प दर्शन

डॉ. विकल गौतम

वाणी प्रकाशन

वाणी प्रकाशन

4695, 21-ए, दरियागंज, नयी दिल्ली 110 002

शाखा

अशोक राजपथ, पटना 800 004

फ़ोन: +91 11 23273167 फ़ैक्स: +91 11 23275710

www.vaniprakashan.in
vaniprakashan@gmail.com

HINDI NATAK : RANG, SHILP DARSHAN
by Dr. Vikal Gautam

ISBN : 978-93-5072-028-8

Criticism

संस्करण 2000
आवृत्ति 2013

मूल्य : ₹ 200

न्यू कृष्णा ऑफ़सेट, दिल्ली-110 093 में मुद्रित

***वाणी प्रकाशन** का लोगो मक़बूल फ़िदा हुसेन की कूची से*

अनुक्रम

नाटक एवं रंगमंच का संबंध

नाटक के साथ रंगमंच का प्रश्न स्वभावतः उठ जाता है। दोनों का अन्योन्याश्रित संबंध है। नाट्यकृति और रंगमंच एक दूसरे के कार्य और कारण हैं। दूसरे स्तर पर एक दूसरे के पूरक और यहाँ तक कि एक दूसरे के पर्याय भी कहे जा सकते हैं। जिस प्रकार अधिकार और कर्तव्य एक सिक्के के दो पहलू हैं, ठीक वही स्थिति रंगमंच और नाटक की है।

यह नितांत सत्य है कि नाटक मूलतः रंगमंचीय कला है। नाटक का तात्पर्य ही उस रचना विशेष से है जिसका नाट्य (अभिनय) रंगमंच पर किया जा सके। नाटक एक दृश्य-काव्य है और इसका दृश्य-काव्यत्व तभी सार्थक हो सकता है, जबकि वह रंगमंच पर अभिनीत हो। अन्यथा जो नाटक केवल साहित्यिक दृष्टि से उत्तम है परंतु उसका अभिनय नहीं किया जा सकता वे वस्तुतः दृश्य-काव्य कहलाने के अधिकारी नहीं हैं। नाटक की उन्नति रंगमंच के साथ संयुक्त है क्योंकि नाटक और रंगमंच का अन्योन्याश्रित संबंध है।

नाटक अभिनेता द्वारा उसकी कल्पनामूलक सृजनात्मक प्रतिभा के माध्यम से, अपना अभिप्रेत दर्शक वर्ग तक पहुँचाता है और इस कार्य में अभिनेता की ओर भी अनेक सृजनशील कर्मी और शिल्पी सहायता करते हैं। नाटक की सफलता, असफलता का बहुत बड़ा भार रंगमंच की सुविधा-असुविधा एवं उपयुक्तता-अनुपयुक्तता पर निर्भर है। नाटक का संपूर्ण कथा विन्यास, उसका अंकों एवं दृश्यों में विभाजन तथा उसके अंतर्गत दृश्यविधान आदि की पृष्ठभूमि में रंगमंच निहित रहता है।

नाट्य कला सामाजिक कला है। रंगमंच ही वह मध्य कड़ी है जो नाटक और जनता का संबंध जोड़ती है। नाटककार, रंगमंच के माध्यम से ही समाज की विभिन्न समस्याओं, मनुष्य के चरित्र, सभ्यता, संस्कृति के स्वरूप और

सुधार के उपाय दर्शकों के सन्मुख प्रस्तुत करता है। जिन-जिन देशों में नाटकों की उन्नति चरमोत्कर्ष पर रही है उसका प्रमुख कारण है—समृद्ध रंगमंच की परम्परा।

यह तो सर्वमान्य है कि नाटक दृश्य-काव्य है। रंगमंच पर अभिनीत होने पर ही दृश्यकाव्यत्व सार्थक हो सकता है। इसका तात्पर्य यह है कि नाटक का प्राण अभिनयशीलता है। अभिनय मानव की सहज प्रवृत्ति है।

रंगमंच एक भाव है—एक अनुभूति है। मनुष्य का जन्म इसी मूल भाव और संपूर्ण प्रवृत्ति के साथ हुआ। बालक का खेल बहुरंगी नाट्य प्रदर्शन, इसी स्थायी भाव का ज्वलंत उदाहरण है। अपने प्रत्यक्ष जगत में वह जो कुछ देखता है उसका अनुकरण एवं अभिनय उस बच्चे का नाटक ही तो कहलाएगा। बच्चों के इस अनुकरण एवं अभिनय से अनभिज्ञ मनुष्य जब उस बच्चे के खेल में विघ्न उपस्थित करता है तो बच्चे के दुःख की सीमा नहीं रहती।

बच्चे के इस अनुकरणमय रंग-संसार के अतिरिक्त एक सृजनमय रंग-संसार भी है, जिसमें न प्रकृति का हस्तक्षेप है और न ईश्वर के नियम। पेड़-पौधों का बोलना, मिट्टी के खिलौने, राजा-रानी बनकर अपना जीवन वृत्त रचाना यही उसका रंग-संसार है। शिशु के इस सृजनशील विशुद्ध काल्पनिक रंगमंच को हम-आप बिल्कुल नहीं समझ सकते। यही कारण है कि बच्चा छिपकर अपना रंग रचाता है जिसका पूरा नाट्य अद्भुत है, जिसमें किसी भी रंगसाधन की आवश्यकता नहीं; न ही किसी नाट्य कृति की। न किसी अभिनेता की न मंच की और न ही किसी दर्शक की।

इस प्रकार रंगमंच मनुष्य की मूलतः आंतरिक वृत्तियों तथा उसकी संपूर्ण शक्ति का सृजन रूप है। मनुष्य अपने प्राप्त जीवन के भीतर से एक अपना रचा हुआ जीवन अनुभूत करता है और सजा बनाकर ईश्वर द्वारा प्रदत्त सीमित और विवश जीवन के सर्वथा भिन्न सिद्ध कर वह यह कहने में गौरवान्वित होता है कि "यह मैं हूँ, यह मेरा जीवन है, जिसका नियामक और उपभोक्ता मैं हूँ।" यह सच भी है कि केवल प्रकृति प्रदत्त जीवन मनुष्य की वास्तविक दासता है।

जो प्रकृति का दास नहीं है, उसका मुखापेक्षी नहीं है, वही शक्तिशाली और गौरवशील मनुष्य है। वही मनुष्य मनचाहे संसार की रचना करता है। मनुष्य का अपना विरचित संसार यही वास्तविक रंगमंच है। रचना का संपूर्ण विराट भाव उसकी प्रेरणा यही रंगमंच का चिरंतन दर्शन है, जिसमें उसकी प्रत्यक्ष छवि के दर्शन होते हैं। वह अपने युग को समझने का प्रयत्न करता है। यही कारण है कि जैसे-जैसे जीवन का रूप बदलता गया है, जीवन में आनंद लेने की प्रवृत्ति

बदलती गई है वैसे-वैसे स्वभावतः रंगमंच के स्थापत्य में परिवर्तन होता गया है।

नाटक, रंगमंच की आत्मा है, और उसका धर्म, प्रदर्शन है। रंगमंच की सत्ता मनुष्य जीवन के साथ है। प्रदर्शन मनुष्य का सहज धर्म है। इसी प्रदर्शन और भावाभिव्यक्ति के आधार पर ही यह सिद्ध है कि जब कहीं कोई एक भी नाटक नहीं लिखा गया था, रंगमंच का पूर्ण अस्तित्व तब भी था। आदिम काल में मनुष्य ने अपने गिरोह के साथ मृगया-आनंद विजयोल्लास, देवपूजा और कृषि उत्सव, एवं समूह-नर्तन किया होगा, वह उसका रंगमंच ही था।

वह भी रंगमंच ही था जब मनुष्य ने गिरोह के सन्मुख अपनी किसी हृदयस्पर्शी घटना, घनीभूत मनोभावों को मुद्राओं और संकेतात्मक भावाभिव्यक्ति के साथ बिना किसी शब्दोच्चारण के व्यक्त किया होगा। पररूपण, भावाभिनय ही रंगमंच की मूलभूत कला है। इसके लिए न किसी रंगभवन की आवश्यकता है न किसी विशेष मंच की। इसकी रचना, इसकी अभिव्यक्ति कहीं भी कैसे भी सदैव संभव है—खेत में, मार्ग में, खुले मैदान में, मनुष्यों की परिधि और उनकी भीड़ में।

सदियों बाद कालान्तर में रंगमंच के लिए नाटक लिखे गए। प्रथम चरण में नृत्य, गीत आदि के रूप में द्वितीय चरण में कथा और चरित्र का रंग डालकर नाटक एवं रंगमंच की निर्मिती सामाजिक और सांस्कृतिक अभिव्यक्ति के लिए ही हुई। ज्यों-ज्यों मनुष्य का जीवन सरल से संश्लिष्ट होता गया, उसके रंगमंच में स्वभावतः पूर्ण रचित नाट्यकृति की अपेक्षा होती गई और यह अपेक्षा इतनी बढ़ी कि रंगमंच का पूरा रूप उसका सारा स्थापत्य नाट्यकृति में अंतर्निहित हो गया।

रंगमंच का रूप और उसका स्थापत्य भी स्वभावतः की प्रकृति के साथ सरल से संश्लिष्ट होता गया।

जब नाटक खेलने के लिए लिखा गया तब उसकी अंतरात्मा और रचना विधि में रंगमंच अपने समस्त तत्वों के साथ कार्य करता गया। बल्कि हम इस तरह भी कह सकते हैं कि रंगमंच को ही अभिव्यक्ति देने के लिए लिखित अथवा अलिखित नाट्यकृति की सृष्टि हुई। क्योंकि नाटक ही तो अपने मूर्त और व्यापक अर्थ से रंगमंच है, और नाट्य प्रवृत्ति है इसका प्राण।

इसके पूर्व मनुष्य सदा अलिखित नाटक खेलता आ ही रहा था वस्तुतः उसने जब रंगमंच के अनुष्ठान के लिए नाटक लिखना प्रारम्भ किया तब स्वभावतः नाटक खेलने की समस्त विधियाँ—समस्त छंद, स्वर, रंगशिल्प, वर्ण्य-विषय में समाहित हुए। बिना इसके नाटक ही नहीं हो सकता और नाटक खेलने तथा रचने का प्रश्न ही नहीं उठता।

नाट्यकृति और रंगमंच एक दूसरे के कार्य और कारण हैं। दूसरे स्तर पर एक-दूसरे के पूरक। यहाँ तक कि एक दूसरे के पर्याय भी। नाट्यकृति में नाटककार ने एक समाज एक युग अथवा काल को अपनी नाट्य रेखाओं में बाँधा। अर्थात् विविध प्रकार के चरित्रों तथा उनके कर्मों, आकांक्षाओं मनोवृत्तियों और जीवन में उनके प्रभावों एवं परिणामों के आकलन तथा संकलन के ही रूप में वह नाट्यकृति प्रस्तुत हुई। नाट्यकृति के चरित्रों के पीछे अभिनय और अभिनेता की कल्पना हुई। और यह सब इतना कलात्मक, सृजनशील ताना-बाना इसलिए तैयार किया गया कि उसे प्रस्तुत कर हम समाज में अपने आनंद और मनोरंजन को विविध और असीम रूप दे सकें।

निर्देशक और अभिनेता रंगकार्य का अन्य महत्वपूर्ण तत्व हैं। रंग महल की बुनियाद ही निर्देशक और अभिनेता है किंतु आज की स्थिति में अभिनेता ही सर्वथा उपेक्षित है। रंगमंच का नेतृत्व करने वाला निर्देशक ही अपने उत्तरदायित्व अपने आचरण की शालीनता से रंग-दृष्टि की नवीनता तथा अनुभूति की व्यापकता से नाटक को महान बना सकता है। बनावटी शिल्प और कला के माध्यम से निर्देशन में भारतीयता की रक्षा कर पाना कठिन कार्य है।

रंगशिल्पी का भी नाट्य में वही स्थान होता है जो निर्देशन और अभिनेता का। रंगशिल्पी—अभिनेता का निकटतम सहयोगी है। उच्च से उच्च नाट्य रचना और अभिनय उपयुक्त रंग-दीपन या सामयिक ध्वनि प्रभाव के अभाव में नष्ट हो सकता है। अंत रंगमंच के पीछे रहते हुए भी उसकी अपनी एक महती भूमिका है। यही कारण है कि प्रत्येक नाटक के प्रारंभ में रंग-परिकल्पना, रंग-दीपन, परिधान या अलंकरण, रूप सज्जा करने वालों का विवरण प्रस्तुतियाँ सफल हो जाती हैं।

वैज्ञानिक युग में एक ही नाटक को कई शैलियों से मंचित किया जा सकता है, अतः मंचन से कम खर्चीली शैली का उपयोग कर अभिनय को प्रधानता दी जा सकती है। अभिनय की कमी की पूर्ति शैली-शिल्प से नहीं अभिव्यक्ति की क्षमता के विकास द्वारा की जानी चाहिए।

रंग-कार्य का अंतिम तत्व है समाज। समाज ही रंग-प्रस्तुति को अर्थवत्ता प्रदान करता है। और इसलिए समस्त प्रस्तुतियाँ समाज के लिए होनी चाहिएँ। परंतु अनेक प्रस्तुतियाँ इतनी अपरिपक्व, विकृत, अपूर्ण तथा समाज की रुचि के प्रतिकूल होती हैं, उनका स्वागत नहीं हो पाता और वे सिर्फ प्रयोग मात्र बनकर रह जाती हैं। इस कोटि के नाटक या तो मंच पर नहीं आ पाते और मंच पर आ भी जाते हैं तो समाज के द्वारा उन्हें तिरस्कृत कर दिया जाता है। 'बेबी',

'गिद्ध', आज इसी कोटि की रचनाएँ हैं। ज्ञानदेव अग्निहोत्री का 'अनुष्ठान', डा. सत्यवृत सिन्हा का 'अमृत पुत्र' आदि इसी प्रकार के नाटक हैं जिन्हें पुर्नमंचन के लिए आमंत्रित नहीं किया गया।

हिंदी में ऐसे रंग-सिद्ध नाटकों की कमी नहीं जिनमें समाज की प्रतिक्रिया अनुकूल और उत्साहवर्धक होती है। अब से एक शताब्दी के पूर्व दीनबंधु मिश्र कृत नील दर्पण ने नीले गोरों के विरुद्ध एक क्रांति खड़ी कर दी थी। ऐसी वृत्तियों को जिन में प्रसंगों का जीवंत रूप दिखाई पड़ता है, हमारे तथाकथित विद्वान समीक्षकों तथा समाचार-पत्रों के सांस्कृतिक दूतों ने कभी लिपीबद्ध नहीं किया अन्यथा हिंदी के प्रेरक और क्रांति-जीवी रंगमंच की अपनी एक लंबी कहानी हमें पढ़ने-सुनने को मिलती।

प्रयोगधर्मी और पश्चिम के अंधानुकरण के प्रति समर्पित प्रयोक्ता, अनेक ऐसे नाटक प्रस्तुत करते हैं, जो समाज के लिए सिरदर्द बन जाते हैं। ('गोदो के इंतजार में') और असंगत कहे जाने वाले अनेक नाटक इसी कोटि के हैं।

हिंदी में आज की जो रंग स्थिति है उसे आंकना कठिन कार्य है। हिंदी नाटक 1970 से लेकर अब तक दो सौ से भी अधिक ऐसे नए नाटक और लगभग सत्तर ऐसे नए नाटककार सामने आ चुके हैं जिन्होंने नाट्य रचना को परंपरा के साँचे से निकालकर उसे नया रूप देने का प्रयास किया है। इसलिए साठोत्तर हिंदी नाटकों में रचना की दो मुख्य धाराएँ दिखाई देती हैं, पारम्परिक और प्रयोगशील रचनाएँ। पारम्परिक नाट्य रचनाओं में शिल्प का कौशल नियंत्रित था। संधि, प्रवकृतित और कार्यावस्थाओं से सम्बद्ध नियम उसका नियंत्रण करते थे इसलिए किसी नवीन उद्‌भावना के लिए वहाँ कोई अवकाश नहीं रह गया था। प्रयोगशील नाटकों ने इस जड़ता को तोड़ा और नए-नए विविध कौशलों का परिचय दिया।

प्रयोगशील नाटकों में लोक-नाट्य शैली का प्रयोग रचना विधान की एक प्रमुख प्रवृत्ति के रूप में विकसित होता रहा। 'बकरी' (सर्वेश्वर दयाल सक्सेना) 'मायावी सरोवर' (शंकर शेष), 'दरिन्दे' (हमीदुल्ला), 'दुलारी बाई' (मणि मधुकर) आदि अनेक उल्लेखनीय प्रयोग हैं।

हिंदी नाटक की समर्थ परंपरा नहीं बन सकी है, न ही सद्‌भिरुचिपूर्ण प्रेक्षक वर्ग तैयार हुआ है और न ही व्यावसायिक रंगमंच का निर्माण हुआ है। हिंदी नाटक और रंगमंच को आर्थिक व्यावसायिक स्थैर्य नहीं मिल सका है। साथ ही हिंदी अभिनेताओं और दर्शकों का फिल्म जगत की ओर आकर्षण और प्रयाण भी एक बाधा बना है। परिणामतः साठोत्तरी नाटक सृजनशीलता की घोषणा देता हुआ कहीं-न-कहीं मध्यवर्गीय चेतना के सीमित दायरे में घूम रहा है।

भारतीय एवं पाश्चात्य रंगशिल्प परम्परा

आज विश्व अपना विशाल क्षेत्र रखते हुए भी कलात्मक दृष्टिकोण से सिमटकर एक न्यून वृत्ताकार परिधि में समा गया है। इसका मुख्य कारण गमनागमन के यांत्रिक साधनों की सुलभ उपलिब्ध है। इस धरातल पर स्थित कोने-कोने के मानव एक दूसरे से मिल रहे हैं, एक संस्कृति से समन्वय नहीं कर रहे हैं। एक कला दूसरी कला की प्रतिस्पर्धा में आगे बढ़ जाना चाहती है।

हमारी रंगमंचीय कला भी इसी प्रकार की है। बाह्य देशों को अपना रूप दे रही है और पाश्चात्य प्रभाव को धीरे-धीरे ग्रहण कर रही है क्योंकि इसे विश्व के साथ-साथ चलना है। यह कहना उचित नहीं कि भारतीय रंगमंच पूर्णरूपेण पाश्चात्य रंगमंच से प्रभावित है, और भारतीय प्रभाव अन्य पाश्चात्य रंगमंचों पर नहीं। किसी भी कला का आदान-प्रदान समान रूप से नहीं होता। इस तथ्य को नकारा नहीं जा सकता कि भारतीय रंगमंच पर पाश्चात्य प्रभाव नहीं है। सर्वप्रथम यह प्रभाव बंगला, मराठी, पारसी, मलयालम और व्यावसायिक रंगमंचों से छनकर भारतीय रंगमंच के अंग-अंग में समा गया। द्वितीय, हमारे अधुनातन नाटककारों ने पाश्चात्य नाटककारों का अंधानुकरण कर अपने नाटकों में रंगमंचीय निर्देश देने प्रारंभ कर दिए। तृतीय, अंग्रेजी राज्य स्थापित होने के बाद भारत में अंग्रेजी का प्रभाव काफी बढ़ गया था। किसी भी भाषा का प्रभाव वहाँ की कला और संस्कृति पर अधिक पड़ता है। रंगमंच भी एक कलात्मक प्रक्रिया है। अतएव इसके सर्जनात्मक तथ्य पर भी अंग्रेजी का प्रभाव पड़ा। अतः भारतीय रंगमंच पर पांश्चात्य रंगमंच का प्रभाव पृथक्-पृथक् देखना समिचीन होगा।

प्राचीन काल में हमारे यहाँ रंगमंच पर वीणा, सितार, सारंगी, ढोलक, ढोल, मृदंग, बाँसुरी, शंख, तुरही, झाल, मंजीरा, करताल, घण्टा वाद्य यंत्र ही, नागर, अर्ध्दनागर और लोकरंगमंच पर दिखाई पड़ते थे। गीत और संगीत गंभीर शास्त्रीय

नियमों से आबद्ध होते थे, किंतु आधुनिक युग में उसकी उपेक्षा की जा रही है। सम्प्रति रंगमंच पर विशेषकर पाश्चात्य वाद्य-यंत्रों का खुलकर प्रयोग किया जा रहा है। रंगमंच पर हारमोनियम, गिटार, फ्रेंच हार्न लायर, पियानो, क्लार्नेट, बेग पाइप और वायलिन आदि का प्रयोग ही अधिकता से किया जाता है। आधुनिक युग में इन वाद्य-यंत्रों का प्रयोग आवश्यक ही नहीं अनिवार्य समझा जाने लगा है। लगता है पाश्चात्य वाद्य-यंत्रों ने भारतीय रंगमंच की प्रवृत्ति के अंतर तक प्रवेश कर अपना स्वत्व स्थापित कर लिया है। यहाँ के वाद्य-यंत्रों की आत्मा में भी पश्चिम वाद्य-यंत्रों की ही गूंज समा गई है।

भारतीय रंगमंच के प्रधान अवयव हैं—वेशभूषा। इसी के माध्यम से पात्रों की पहचान की जा सकती है। वेश शब्द का अर्थ है बनना या बनावटी आकृति की सजावट। आकृति के द्वारा ही विभिन्न पात्रों में पृथकता दृष्टिगोचर होती है। संन्यासी के शरीर पर काषाय या गेरुआ वस्त्र, राजा के मस्तक पर स्वर्ण किरीट, वीर के कंधे पर तूणीर, परिणीता के सीमांत में सिंदूर की लाली, विधवा के शरीर पर श्वेत वस्त्र, गृहस्थ के सिर पर बड़ी पगड़ी आदि अनिवार्य संकेत हैं। किंतु वर्तमान भारतीय रंगमंच पर जितने भी पात्र आते हैं उनकी वेशभूषा प्रायः पाश्चात्य ही रहती है। वर्तमान केश विन्यास पर भी आंग्ल प्रभाव स्पष्ट रूप से दिखाई देता है।

प्राचीन काल में क्रीड़ा-स्थली कोई बगीचा, वाटिका, नदी का किनारा, वन-उपवन हुआ करती थी आज वही क्रीड़ा-स्थली ने होटलों, पार्कों, सिनेमाघरों और भव्य महलों आदि में अपना स्थान प्राप्त किया है।

प्राचीन युग में परदा हमारे यहाँ बांस में लपेट कर रस्सी के सहारे गिराया और उठाया जाता था (रिंग सिस्टीम) किंतु आज उसके लिए प्रतिभार प्रणाली (काउंटर वेट सिस्टीम) का प्रयोग होने लगा है। सम्प्रति, पाश्चात्य प्रभाव के कारण यवनिका का प्रयोग भी बंद हो रहा है। परदा उठने और गिरने के समय प्रकाश व्यवस्था के द्वारा सम्पूर्ण रंगमंच अंधकार पूर्ण हो जाता है और यह कल्पना कर ली जाती है कि दृश्य परिवर्तन या अंक परिवर्तन हो गया है। अब रंगसंकेत में यवनिका का या परदे का संकेत बंद होता जा रहा है। इसका प्रमाण है—जगदीश चंद्र माथुर के नाटक।

आधुनिक रंगमंच पर अनेक ऐसे दृश्य दिखाए जाते हैं जिन्हें प्राचीन काल में दिखाना संभव नहीं था। यह परिवर्तन पाश्चात्य रंगमंचों के अंधानुकरण से ही भारतीय रंगमंच पर आया। आज वैज्ञानिक यंत्रों के सहारे वर्षा, तूफान, अंधकार, ज्योत्सना, गोधूलि बेला, सूर्योदय और चढ़ती धूप आदि के दृश्य रंगमंच

पर आसानी से दिखाए जाने लगे हैं।

प्राचीन काल में नाटकों में संकलनत्रय का निर्वाह किया जाता था किंतु आजकल पाश्चात्य प्रभाव के कारण उसकी उपेक्षा की जा रही है।

भरत मुनि के नाट्यशास्त्र में रंगदीपन की व्यवस्था भी है। किंतु अतीत और वर्तमान दोनों युग की प्रकाश व्यवस्था में काफी अंतर है। आधुनिक भारतीय रंगमंच की प्रकाश व्यवस्था पाश्चात्य प्रभाव से पूर्ण प्रभावित है। वर्तमान समय में प्रकाश व्यवस्था को दो भागों में विभक्त कर दिया गया है– चल और अचल प्रकाश। प्रकाश व्यवस्था द्वारा आजकल हिम वर्षा, बादल या समुद्र की लहरें, विद्युत की चमक, अग्नि, तारे भरे आकाश, पहाड़, उषा काल और गोधुलि बेला आदि दिखाना सरल हो गया है।

ध्वनि व्यवस्था भी हमारे रंगमंच पर पाश्चात्य प्रभाव का ही अंधानुकरण है। इसकी सहायता से बिजली की कड़क, द्वार की धमक, घंटी की आवाज, वर्षा, आंधी, भीड़ की ध्वनि, जानवरों की ध्वनि, गोली चलाने की आवाज आदि प्रभावों को आसानी से रंगमंच पर प्रस्तुत किया जा सकता है।

पाश्चात्य देशों में आज समतल मंच, बहुधरातलीय मंच, बहुकक्षीय मंच, परिक्रमी मंच, बहुखण्डीय मंच, शकट-मंच, उद्‌चाह मंच, रहट मंच, पैरचक्की मंच, परिसारी मंच, खुला या मुक्ताकाश मंच, वृतस्थ मंच आदि का प्रयोग अभिनय प्रदर्शनार्थ विशेष रूप से हो रहा है। इनमें से समतल मंच, बहुखण्डीय मंच और मुक्ताकाश मंच की परम्परा भारत में प्राचीन काल से चली आ रही है। इनमें समतल मंच और बहुखण्डीय मंच (द्वि भूमि मंच) नाट्‌य धर्मी मंच हैं, जिनका विवरण हमें भरत के नाट्‌यशास्त्र में मिलता है। मुक्ताकाश मंच लोकधर्मी मंच है। इसकी परम्परा भी भारत में प्राचीन है। इस प्रकार के मंच पर यात्रा, रामलीला, रासलीला, भवई, तमाशा, नौटंकी, यक्षगान आदि लोकनाटकों का प्रदर्शन प्राचीन काल में भी होता था।

मुक्ताकाश रंगमंच को वैज्ञानिक उपकरणों ने एक नया स्वरूप प्रदान किया है। इस प्रकाश का रंगमंच सर्वप्रथम सन् 1955 में भारत सरकार के युवा कल्याण विभाग द्वारा नयी दिल्ली के तालकटोरा गार्डन में बनवाया गया था। इस पर पटना, पूना और उस्मानिया विश्व विद्यालय के नाट्‌य दलों को पुरस्कार प्राप्त हुए थे। इसका रंगमंच अंडाकार और प्रेक्षागृह घोड़े के नाल जैसा था। रंगमंच को दो भागों में विभक्त कर दिया गया था—रंग-शीर्ष और रंग-पीठ। रंग-शीर्ष रंग-पीठ से दो सीढ़ी ऊंचा था। रंग-शीर्ष के पीछे अर्ध वृत्ताकार गगनिका रखी गई थी। रंग-शीर्ष की अधिकतम चौड़ाई 30 फीट और रंग-पीठ की अधिकतम

52 फीट थी। परदे का प्रयोग नहीं किया गया था। आधुनिक रंगदीपन की व्यवस्था थी। इसी प्रकार की एक और भी रंगशाला की स्थापना दिल्ली के पठारी भाग में बिड़ला राइफल्स के निकट हुई थी। यह संसार की सबसे बड़ी मुक्ताकाश रंगशाला है। इसकी सबसे बड़ी विशेषता है इसकी संकुचनशीलता। इसका क्षेत्रफल आवश्यकतानुसार घटाया-बढ़ाया जा सकता है।

इंडियन नेशनल थिएटर बम्बई ने 'पारेलो अग्नि' में बहुधरातलीय मंच का उपयोग किया था। पृथ्वी थियेटर्स बम्बई ने बहुखण्डीय मंच का प्रयोग किया था। परिक्रमी मंच की स्थापना कलकत्ता, बम्बई, जबलपुर आदि नगरों में हो चुकी है। उत्तर प्रदेश में अमृतलाल नागर ने अपने नाटक 'परिवर्तन' का मंचन लखनऊ में इसी प्रकार के मंच पर किया था।

नाटक के प्रस्तुतिकरण में रंग व्यवस्था का महत्व

नाटक एक स्वतंत्र शक्तिशाली साहित्यिक विधा है और नाटकों का प्रस्तुतिकरण एक उत्कृष्ट कला। लेकिन नाटकों का विकास उनके व्यापक प्रस्तुतिकरण तथा प्रदर्शन पर ही आधारित होता है। एक कला के रूप में नाट्य प्रदर्शनी की अपनी अलग विशेषता और महत्व है।

परन्तु नाट्य प्रदर्शन अन्य कलाओं तथा साहित्य विधाओं की तरह व्यक्तिगत प्रयास तथा प्रतिभा से सफल नहीं हो सकता। यह एक सामूहिक कला है, और इसके लिए नाटककार और रंगमंच के अतिरिक्त एक विशिष्ट दर्शक वर्ग की भी आवश्यकता होती है। इनमें से दर्शक सबसे अधिक निष्क्रिय होते हुए भी सबसे अधिक महत्वपूर्ण पक्ष है। हिन्दी में यही पक्ष शून्य था। कारण स्पष्ट ही शिक्षा का अभाव रहा है। हिन्दी भाषी क्षेत्रों में शिक्षित जनसमुदाय का अभाव ही एक अभाव नहीं था, अपितु हिन्दी भाषा क्षेत्रों की शिक्षित जनता, उच्च वर्ग, मध्यवर्ग और नाटककार, अभिनेता तथा कलाकार सभी इधर-उधर विकेन्द्रित थे। इस विकेन्द्रिकरण के ही कारण रंगमंच अपनी पूरी शक्ति से जम नहीं पाया और न ही दर्शक वर्ग भी तैयार हो सका। हिन्दी के उच्च कोटि के साहित्यिक नाटककारों की व्यावसायिक रंगमंच के प्रति वितृष्णा भी इसमें सहायक सिद्ध हुई। वस्तुतः किसी ने भी व्यवसायी रंगमंच की सम्भावनाओं का लाभ उठाने का प्रयास नहीं किया। यहाँ तक कि व्यवसायी रंगमंच से सम्बद्ध नाटककारों को नाटककार के रूप में स्वीकृति भी नहीं दी गई। नाटक लेखन एक फैशन बन गया, जबकि अधिकांश नाटककारों को रंगमंच का एकदम अनुभव और ज्ञान नहीं था। फलतः प्रचुर मात्रा में नाटकों के लिखे जाने के बाद भी रंगमंच के लिए उपयुक्त नाटकों की कमी बनी रही और शीघ्र ही हिंदी नाटककार भूल गया

कि रंगमंच का भी कुछ अस्तित्व होता है।

यह स्थिति प्रायः आज भी है। प्रसिद्ध नाटककार भुवनेश्वर की निराशा तर्क-संगत लगती है। जब वे कहते हैं कि 'एक नाटक का लिखन, जो स्टेज के लिए नहीं लिखा गया, किसी भी प्रकार न्यायसंगत नहीं है अथवा हिन्दी में नाटककारों को केवल एक कला की आवश्यकता है "अपने नाटकों को प्रकाशित करने की।"

नाटक के प्रकाशित होने से पूर्व, उसके लिए जरूरी है कि उसका मंचन किया जाय। प्रस्तुतिकरण के बाद नाटककार को पता चल जाता है कि इसमें क्या कुछ खामियाँ हैं या नहीं। शेक्सपीयर के जितने भी नाटक हैं, पहले खेले जाते थे और बाद में प्रकाशित होते थे।

योरोप में प्रस्तुतिकरण के संबंध में यह मत है कि कठिन से कठिन आलेख को निर्देशक अपने लायक बना लेता है। बर्नाड शॉ के नाटक तो खेले ही गए हैं, बैकेट के नाटक जो कि बहुत टेढ़े माने जाते हैं, वे भी वहाँ खेले जाते हैं।

हमारे जीवन की रीति-नीतियाँ, नियम, विश्वास, मूल्य—सभी में परिवर्तन हो रहे हैं। इस अस्त-व्यस्त संधिकाल में यक्षगान (350 वर्ष पुराना चार-पाँच सदी से अधिक प्राचीन) भी अस्त-व्यस्त वातावरण में फँस गया है। सिनेमा तथा नाटकों ने नए ढंग से धावा बोलकर जनता के मनोरंजन के लिए नवीन क्षेत्र प्रदान कर दिए हैं। हमारे आज की प्रस्तुतियों में पर्दे हटाए जा रहे हैं। खुला रंगमंच प्रयुक्त हो रहा है। कमारा दीवारें नहीं दिखाए जाते। मंच के धरातल को ऊँचा-नीचा करके दिखाया जाता है। यह हमारी प्राचीन मंच-व्यवस्था की ही अनुकरण मात्र है, जिसे लोक शैली कहेंगे। पाश्चात्य देशों में आज बिल्कुल यथार्थवादी मंच हो रहे हैं। उनके यहाँ यांत्रिक सुविधाएँ अधिक हैं। अतः 'रिवॉल्वविंग स्टेज' में एक साथ कई मंच प्रस्तुत हो जाते हैं। हमारे यहाँ अभी ऐसा सम्भव नहीं है। बैकेट के एक नाटक में गेंडा सड़क की ओर भागता चला जा रहा है, बारम्बार भागता है, एक आदमी भयभीत होता है, यह हमारे मंच पर दिखाना संभव नहीं। ब्रेख्त के नाटक 'ओपेन' रंगमंच पर होते हैं। रामलीला-रासलीला का जो प्राचीन भारतीय रंगमंच रहा है, उसी का अनुकरण ब्रेख्त आदि ने किया है। कुछ रचनाओं के लिए स्टेजयुक्त रंगमंच चाहिए। मंच पर जो दृश्य दिखाना सम्भव है, उसका विधान हम कर सकते हैं अन्यथा नाटक का अस्तित्व ही नहीं रहेगा। दर्शक दृश्य के माध्यम से कथ्य को आत्मसात करता है। टी. एस. इजिएट ने अपने लेख में यही लिखा था कि रचना की पहली शर्त है कि वह सुंदर लगे। प्रारम्भ में बच्चों को कविता समझ में नहीं आती किंतु

उसके लय-बोध से जुड़े-जुड़े बाद में वे समझने लगते हैं। अतः निर्देशकों को इसका ध्यान रखना चाहिए कि प्रस्तुतीकरण अच्छा हो।

जिस प्रकार किसी नाटक को प्रस्तुत करने के लिए उस युग के अनुरूप वेशभूषा, मुख्य सज्जा अर्थात् आहार्य अभिनय आवश्यक हैं, उसी प्रकार नाटक में वर्णित दृश्य के अनुरूप दृश्य सज्जा भी आवश्यक है, जिसके आगे अभिनेता-गण उस नाटक को प्रस्तुत करते हैं। दृश्य सज्जा में नाटक के अनुसार भिन्नता अवश्य होनी चाहिए ताकि दर्शक नाटक में रस लेने के बदले दृश्य सज्जा में ही रस न लेने लगें। क्योंकि यह भी नाटक के प्रभाव को नष्ट करने में सहायक हो सकती है। जिस प्रकार अभिनय स्वाभाविक होना आवश्यक है, उसी प्रकार दृश्य सज्जा भी स्वाभाविक होनी चाहिए। इसलिए आजकल नाट्य-जगत में दृश्य- रूपाकार (सीन डिजाइनर) का अपना अगल महत्व हो गया है।

आजकल प्रायः सभी सामाजिक नाटक किसी वर्तमान युग की बैठक के दृश्य में दिखाने के लिए निर्दिष्ट होते हैं। कुछ नाटकों को प्रस्तुत करने में नाट्य प्रयोक्ताओं को पर्याप्त कल्पना और मौलिकता प्रदर्शित करने का अवसर रहता है। ऐसे नाटकों में दृश्य सज्जाकारों को भी अपनी कला दिखाने का पर्याप्त अवसर रहता है। कुछ नाटकों में दृश्य सज्जाकार के लिए कोई अवसर नहीं रह जाता, जैसे साधारण मध्यम श्रेणी के परिवार वालों का सारा नाटकीय व्यापार एक कोठरी या ऐसी बैठक में होता है, जिसके लिए दृश्य सज्जाकार को कोई कल्पना नहीं करनी पड़ती। किंतु दृश्य सज्जाकार अपनी सज्जा द्वारा दर्शकगण को यह बताने पर बाध्य (प्रेरित) कर सकता है कि यह किस श्रेणी के व्यक्ति का घर है।

कुछ लोगों की धारणा है कि वर्तमानकालीन सामाजिक नाटक लिखना बड़ा सरल है। कुछ अंश तक यह सत्य भी है क्योंकि साधारण बैठक के दृश्य में प्रायः नाट्य प्रयोक्ता या रंगव्यवस्थापक सभी सामग्री प्रस्तुत कर लेते हैं, किंतु कभी-कभी विशेष कक्षों की भी आवश्यकता होती है, जैसे अस्पताल, आश्रम, क्लब, फांसीघर, जुआघर, डाकघर। दृश्य सज्जाकार को इन स्थानों के लिए विशेष व्यवस्था कर लेनी चाहिए।

किसी भी नाटक की सम्पूर्ण सफलता रंग-व्यवस्थापक की योग्यता पर अवलम्बित होती है। रंग-व्यवस्थापक अत्यंत नियमित और व्यवस्थित क्रम से काम करने वाला और शीघ्रता से सोचने वाला होना चाहिए जो समस्या उत्पन्न होने पर तत्काल उसका समाधान कर सके। उसे अपने कार्य में स्वतः स्वाभाविक रुचि होनी चाहिए, क्योंकि अभिनेता को तो लोक-प्रशंसा प्राप्त हो जाती है किंतु नाटक की सफलता का श्रेय रंग-व्यवस्थापक को मिलना आवश्यक होने पर भी,

उसका कोई कुछ महत्व नहीं समझता। उसके नेपथ्य में रहने के कारण रंग-व्यवस्थापक को अभिनयकला, रंगदीपन, दृश्य-सज्जा, यंत्र-विधान सबका व्यवस्थित ज्ञान होना चाहिए। उसमें इतनी साहित्यिक योग्यता भी होनी चाहिए कि वह नाटक में वर्णित युगानुरूप वेशभूषा, दृश्य सज्जा और रंग सज्जा की सामग्री एकत्रित कर सके। कुछ नाटकों में रंग-व्यवस्थापक को भी अभिनय में योग देना पड़ता है। ऐसी स्थिति में उसे पूर्ण रूप से एक सहायक, शिक्षित करके रखना पड़ता है जो उसकी अनुपस्थिति में सारी व्यवस्था कर सके।

नाटक आरम्भ होने से पूर्व रंग-व्यवस्थापक को रंगमंच संबंधित प्रत्येक व्यवस्था, रंगदीपन, विभिन्न प्रकार के प्रकाश-दीप, रंग-सज्जा, दृश्य-सज्जा, वेशभूषा, रंगमंच पर प्रयुक्त की जाने वाली सामग्री, बिछावन आदि प्रत्येक वस्तु का भली-भांति निरीक्षण और परीक्षण कर लेना आवश्यक है ताकि नाटक के समय कुछ गड़बड़ न हो जाए।

अपने सहायक व्यवस्थापकों को स्वेच्छापूर्वक चयन करने का अधिकार रंग-व्यवस्थापक को है। अपने अधीन ऐसे रंग-प्रबन्धक तथा रंगदीपनकार आदि की नियुक्ति स्वयं रंग-व्यवस्थापक को ही करनी चाहिए। प्रायः यूरोपीय रंगशालाओं में सहायक रंग-व्यवस्थापक ही हाथ में पुस्तक लेकर प्रेरक कक्ष (प्राम्ट कार्नर) का संचालन करता है। एक ओर जहाँ वह अभिनेताओं को वाक्य प्रेरणा (क्यू) देता है, वहीं साथ-साथ वह परदेवाले, बिजलीवाले, संगीतवाले तथा अन्य प्रभाव डालनेवाले सहायकों को भी प्रेरणा देता है। वास्तव में वही वहाँ का एक प्रकार से व्यवस्था अधिकारी होता है। कुछ रंगशालाओं में रंगसंचालक (स्टेज डायरेक्टर) होते हैं और उनके अधीन रंग-व्यवस्थापक (स्टेज डायरेक्टर) तथा सहायक रंग-व्यवस्थापक (असिस्टेंट स्टेज मनेजर) भी रखे जाते हैं।

रंग-व्यवस्थापक का काम केवल नाटक प्रारम्भ होने के समय ही प्रारम्भ नहीं होता, वरन् जिस दिन नाटक और पात्र चुने जाते हैं, उस दिन से लेकर वेशयुक्त अभ्यास (ड्रेस रिहर्सल) तक और उसके पश्चात नाटक के समय प्रारम्भ से अंत तक और नाटक समाप्त हो चुकने पर सब सामग्री एकत्र कर उसे यथास्थान बंद करने तक रहता है। रंग-व्यवस्थापकों में से किसी एक को निरंतर पुस्तक हाथ में लेकर अभ्यास के प्रत्येक दिन उपस्थित होकर रंग-सामग्री, रंग-सज्जा, दृश्य-सज्जा, रंगदीपन सबका विवरण अंकित करते चलना चाहिए तथा नाटक के दिन भी उसे प्रेरक का काम करना चाहिए।

अभिनेता के पाठ कंठस्थ करने तक ही प्रेरणा की आवश्यकता नहीं रहती वरन् उसके पश्चात् भी, अभ्यास करते समय अभिनेता का पाठ घटाने-बढ़ाने

या बदलने की आवश्यकता होती है। वह परिवर्तन रंग-प्रबन्धक की प्रति में सर्वप्रथम अंकित हो जाना चाहिये। इस प्रति में प्रवेश, निर्गम, उठना, गिरना, चलना, घूमना, कुछ उठाना, लाना आदि सम्पूर्ण चेष्टाओं का तथा रंगदीपन, रंगप्रभाव तथा अन्य प्रेरणाओं का संकेत अवश्य रहना चाहिए।

बहुधा व्यावसायिक मंडलियों में सब सामग्री पहले से एकत्र रहती है। फिर भी कुछ वस्तुएँ जैसे फूलों का हार, विशेष प्रकार के पात्र अलग-अलग स्थानों पर अथवा नाटक की प्रकृति अनुसार संग्रह करनी पड़ती हैं।

नाटक में अभिनय का महत्व

अभिनय नाटक का अनिवार्य अंग है। दृश्यकाव्य नाटक की सफलता रंगमंच पर अभिनय की दृष्टि से ही मापी जानी चाहिए। अभिनय से ही नाटक का उदय हुआ है। विभिन्न देशों में नाट्य कला का जो विकसित रूप है, वह अभिनय तथा रंगमंच की सुविधा के आधार पर ही हुआ है। आचार्य भरत मुनि ने नाटक के इस तत्व पर विशद विवेचन किया है। अभिनय के चार प्रकार माने गए हैं। आंगिक, वाचिक, आहार्य और सात्विक। आंगिक अभिनय में अंगों के भिन्न-भिन्न प्रकार के संचालन-प्रसंग विशेष में क्रियाएँ बताई गई हैं। वाणी का अभिनय भी आंशिक अभिनय को स्पष्टता देता है। अतः अभिनेता को स्वरादि का पूर्ण ज्ञान होना चाहिए। आहार्य अभिनय में वेशभूषा तथा अन्य सज्जा संबंधित विधियाँ बताई गई हैं। सात्विक अभिनय का संबंध भावों से है। स्तम्भ, स्वेद, रोमांच, कम्प, अश्रु आदि द्वारा भावों की अभिव्यक्ति इसके अंतर्गत आती है। इस प्रकार आंगिक का संबंध शरीर के अंग संचालन से, वाचिक का वाणी के उतार-चढ़ाव से, आहार्य का रूप सज्जा (मेकअप) से तथा सात्विक का अनुभावों (ऐक्सप्रेशन) से संबंध है। स्पष्ट है कि ये चारों नाटक के अभिनय के आवश्यक अंग हैं।

नाटक के अभिनेयत्व के लिए विशिष्ट तत्वों का होना आवश्यक है जिसके द्वारा नाटक पूर्ण होता है। सफल नाटककार अपने नाटक के प्रदर्शन के लिए हमेशा प्रयत्नशील रहता है। नाटक के प्रदर्शन में अभिनेतागण अपने अभिनय के द्वारा नाटक को साकार रूप दें, तभी नाटक सफल हो सकता है। अतएव नाटक की अभिनयशीलता के निम्नलिखित निर्देश किए जा सकते हैं।

नाटक की कथावस्तु में प्रवाह, कौतुहल, कार्य व्यापार की तीव्रता होना चाहिए ताकि दर्शक अभिनीत दृश्यों को विस्मय विमूढ़ हुए देखते रहें। कार्य-व्यापार अभिनय के लिए अनिवार्य तत्व है, वही दर्शकों के मन को बांधता है और नाटक में प्राण डालता है। यदि घटनाएँ गतिशील, शृंखलाबद्ध सी नहीं हैं, पात्र सक्रिय

नहीं हैं और कथा में प्रवाह नहीं है तो नाटक में शिथिलता आ जाएगी।

रंगमंच पर सुविधापूर्वक अभिनय करने के लिए यह आवश्यक है कि पात्रों की संख्या सीमित हो। सुविधापूर्वक अभिनय करने पर ही दर्शक उन पात्रों में अपना मन रमा सकते हैं। रंगमंच पर पात्रों की भीड़ दृश्य का आकर्षण घटा देती है। प्रत्येक पात्र को सक्रिय और सजीव रहकर ही अभिनय में व्यस्त रहना चाहिए। बहुधा नाटक में बहुत से पात्र निष्क्रिय से मंच पर खड़े रहते हैं जो अभिनय की प्रभावशीलता में बाधक सिद्ध होते हैं।

नाटक के संवाद छोटे, क्षिप्त, चलती और चुस्त भाषा में प्रवाहमान होने चाहिएँ जिनके उच्चारण में अभिनय कुशलता का लाभ उठाया जा सके। लम्बे, संस्कृतगर्भित, भावात्मक संवाद बोझिल होने के कारण स्वाभाविक नहीं लगते। स्वाभाविकता का ध्यान रखते हुए स्वगतकथन का प्रयोग, उपयुक्त आवश्यक स्थलों पर संक्षिप्तता में ही करना चाहिए ताकि अभिनय हास्यास्पद न हो जाये। आधुनिक नाटककार इस अस्वाभाविकता से बचने के लिए टेलीफोन, चित्र, पशुपक्षी को माध्यम बना लेते हैं।

नाटक में गीतों या पद्यों का अतिशय प्रयोग नाटकीयता में बाधक होता है। संगीत, रस-सृष्टि तथा अभिनयता में सहायक भी हो सकता है यदि उसका उपयोग चुने हुए स्थलों पर किया जाए। आजकल गीत का प्रयोग रंगमंच पर अस्वाभाविक माना जाने लगा है। उसके स्थान पर नेपथ्य संगीत अथवा पृष्ठभूमि संगीत का प्रचलन है। रंगमंच पर प्रदर्शित भावों तथा कथा गति के अनुकूल संगीत पृष्ठभूमि से वाद्यों आदि के द्वारा दिया जाता है। इस प्रकार के प्रयोग एवं संकेत कथा की नाटकीय स्थिति और उन विशिष्ट स्थलों को अधिक प्रभावपूर्ण बना देते हैं। अभिनय में भी गहराई और स्वाभाविकता आ जाती है। अतः ध्वनि प्रभाव भी अभिनयत्व की सफलता में सहायक है।

अभिनय की दृष्टि से नाटक का महत्वपूर्ण तत्व है—दृश्य-विधान। दृश्य की शिथिलता नाटक को रंगमंच पर पूर्णतः प्रभावहीन बना देती है। अतः दृश्य-विधान ऐसा होना चाहिए जो रंगमंच की सीमाओं में सरलतापूर्वक प्रस्तुत भी किया जा सके और परिवर्तित भी। ऐसे दृश्य जो रंगमंच पर आसानी से शीघ्रता से प्रस्तुत नहीं किये जा सकते तथा एक के बाद दूसरा दृश्य आसानी से शीघ्रता से रंगमंच पर लाया नहीं जा सकता है तो बीच का वह समय दर्शकों को उबा देता है। कथा का क्रमबद्ध सौंदर्य व प्रभाव भी मर जाता है। दृश्य-विधान ऐसा भी होना चाहिए जो कथा की आत्मा को, उसके वातावरण को स्पष्ट कर सके, पात्रों को क्रियाशील बना सके, जो स्वाभाविक सरल किंतु आकर्षक हो।

उपर्युक्त सभी तत्व अभिनेयत्व को पूर्ण बनाते हैं। ऐसी भी परिस्थितियाँ आ जाती हैं कि रंगसज्जा की योजना के लिए दृश्य-विधान को भी विशिष्ट रीति से परिचालित करना पड़ जाता है। इस विषय में हरिकृष्ण प्रेमी का कथन उपयुक्त प्रतीत होता है–

"जो नाटक रंगमंच को ध्यान में रखकर लिखा गया है उसका पूर्ण सौंदर्य रंगमंच पर ही देखा जा सकता है या वह व्यक्ति देख सकता है तो उसे पढ़ते समय रंगमंच की कल्पना अपने मस्तिष्क में रखता है।"

सारांश में नाटक में अभिनय तत्व उसका मूल है। कम विस्तृत, सुगठित कथा, सक्रिय पात्र, चुस्त संवाद और भाषा, सरल सुगम किंतु सशक्त एवं आकर्षक दृश्य-विधान, कार्यव्यापार, कौतूहल आदि नाटक को अभिनयात्मक बनाते हैं। नाटक में नाटकीयता सौंदर्य एवं आकस्मिकता पर बल देते हुए प्रो. जयनाथ नलिन ने लिखा है "नाटकीयता आकस्मिकता भी अभिनय में बड़ी सहायक होती है। इसमें अचानक दर्शक उल्लास से उछल पड़ता है, रोमांच से फूल जाता है, कौतूहल से चकित हो जाता है और आशातीत प्रसन्नता में डूब जाता है। रहस्य ग्रंथि इन सब बातों को बढ़ाने वाली है।" यूं तो रंगमंच का सीधा संबंध दृश्य-विधान की उपयुक्तता से है किंतु नाटक का अभिनयात्मक सौंदर्य उपयुक्त सभी तत्वों पर आधारित होता है। प्रत्येक नाटककार को यह नहीं भूलना चाहिए कि नाटक का मूलाधार अभिनय है। अभिनय ही नाटक के जीवन को बहुत बढ़ा ही नहीं देता उसे अमरत्व भी प्रदान करता है। नाटक की जनप्रियता तथा उपन्यास कहानी आदि से उसकी श्रेष्ठता अभिनय के मूल में ही निहित है।

यह तो सर्वमान्य है कि प्रदर्शन का सबसे मूलभूत और महत्वपूर्ण तत्व है–अभिनय। निर्देशक अंततः यही प्रयास करता है कि अभिनेता का सृजन कार्य अधिक सक्षम, अभिव्यंजनापूर्ण और प्रभावी बने। प्रदर्शन को, प्रभावी और संश्लिष्ट कला विद्या का दर्जा अभिनेता ही देता है। उत्कृष्ट रचना कुशल अभिनेता के बिना संभव नहीं।

निःसंदेह हमारे देश में अभिनय प्रतिभा की कमी नहीं बल्कि, स्कूलों, कॉलेजों और विश्वविद्यालयों में अव्यावसायिक शौकीन मंडलियाँ अभिनेताओं के कारण ही चलती हैं। अभिनय की परम्परा के प्रश्न को लें तो एक बात स्पष्ट है कि संस्कृत युग की नाट्याभिनय पद्धति से हमारा सम्पर्क लगभग टूट गया है। उन पद्धतियों का कुछ रूप हमारी नृत्य शैलियों में बाकी है, जैसे कथकली, कूचिपुड़ी, भरतनाट्य, रास यक्षगान आदि अभिनय की एक अन्य परम्परा लोक नाट्यों में उपलब्ध है। 19वीं शताब्दी के मध्य में विदेशी प्रभाव से आधुनिक नाटक और

रंगमंच का प्रारंभ हुआ, तो देश के भाषाई रंगमंचों पर पर्याप्त प्रभाव पड़ा।

किंतु पश्चिमी नाटकों के यथार्थवादी प्रभाव और फिल्मों के प्रभाव से देश में अभिनय की विशिष्ट शैलियाँ बन गईं। रंगमंच के व्यावसायिक स्तर के स्थायित्व एवं सक्रियता ने अभिनय की पद्धतियों में खास परिवर्तन नहीं किया किंतु पारसी रंगमंच के विघटन के बाद हिन्दी भाषी प्रदेशों में अभिनय की शैली का लोप हो गया और उसके बाद नाटक मंडलियों में अभिनय की पद्धतियों को किसी का आधार लेकर बनना पड़ा। बहुत से हिन्दी भाषी नगरों में प्रायः शौकिया नाटक मंडलियाँ प्रारम्भ करने और चलाने का श्रेय बंगालियों को है। फलस्वरूप हिंदी अव्यवसायिक नाटक मंडलियों की अभिनय शैली बंगला रंगमंच की अभिनय शैलियों के साथ-साथ चलती रही हैं। कालांतर में फिल्मों के प्रभाव ने हिन्दी नाटकों में अभिनय का स्वरूप निर्धारित किया।

द्वितीय महायुद्ध के दिनों से बड़े-बड़े नगरों में अंग्रेजी नाटकों के प्रदर्शनों के कारण, भारतीय भाषाओं के नाटकों में पुरानी शैलियों को छोड़कर अभिनय में नूतनता लाने का प्रयास हुआ। हमारे रंगमंच पर अभिनय की परम्परा न तो पुष्ट हो सकी और न बहुत विकसित ही। वह अधिकांशतः साधारण यथार्थवादी या भावुकतापूर्ण आवेग प्रधान नाटकों को प्रस्तुत करने में ही समर्थ हो पाती हैं। देश के अधिकांश भागों में विशेषकर हिन्दी भाषी प्रदेश में आज अभिनय का जो रूप है उसमें कोई शैली नहीं है सिर्फ वह मनोरंजन या दिल बहलाव का साधन है।

कुल मिलाकर भारतीय रंगमंच पर अभिनय का स्तर किसी गहरे और सूक्ष्म कलाबोध को अभिव्यक्त करने की दृष्टि से, आंतरिक और बाह्य दोनों कारणों से, अभी बहुत पिछड़ा हुआ और अपर्याप्त है। अभिनेता और अभिनय के स्तर में उन्नति के बिना प्रदर्शन का स्तर अच्छा नहीं होगा। प्रदर्शन का स्तर अच्छा हुए बिना अच्छे नाटक नहीं लिखे जाएंगे और सूक्ष्म विधितापूर्ण नाटकों के बिना अभिनेता का प्रशिक्षण कैसा होगा, उसका स्तर कैसे सुधरेगा ?

अभिनय में स्वाभाविकता अनिवार्य है, यह तो सभी मानते हैं। इस संबंध में लक्ष्मीनारायण मिश्र ने 'मुक्ति का रहस्य' की भूमिका में अभिनय की स्वाभाविकता अनिवार्य प्रकट की है। "तोते की तरह रटे हुए शब्दों को रंगमंच पर दुहरा देना ठीक नहीं होता। मुँह से जो शब्द निकले उसके साथ ही साथ शरीर के अंगों का संचालन भी ऐसा होना चाहिए कि जो आपस में सामंजस्य स्थापित कर रंगमंच पर मनुष्य की स्वाभाविक जिन्दगी दिखला दे अथवा हमारा नित्य का जीवन जैसा है रंगमंच का जीवन उसके साथ मेल खा सके।"

आधुनिक नाटकों में रंगशिल्प और अभिनेयता

प्रसाद युग के बाद हिन्दी नाटकों का नवयुग प्रांरम्भ होता है। नाटक विषयक और शिल्प दोनों दृष्टि से और अधिक समृद्ध हुए। चारों ओर के वातावरण, परिस्थितियों और नवीन प्रभावों ने हिन्दी नाटककारों को नई दृष्टि दी। इस युग तक आते-आते रामलीला, नौटंकी आदि का प्रचार अपेक्षाकृत कम हो गया। सिनेमा के प्रभाव के परिणामस्वरूप पारसी रंगमंचीय नाटकों की लोकप्रियता कम हो गई थी। कई नाटककार भी सिनेमा के व्यापक नाट्य क्षेत्र से प्रभावित हुए बिना न रह सके।

प्रसाद युग तक हिन्दी नाटक संस्कृत नाट्य सिद्धांत से विशेषतः प्रभावित थे। किंतु साथ-साथ पाश्चात्य नाट्य शैली का प्रभाव भी दो चार नाटककारों पर पड़ा। आज के समस्या नाटक और एकांकी तथा अन्य ॲकनिक प्रयोग इस कथन के प्रमाण हैं। आज के नाटककारों द्वारा नांदी तथा उसके साथ-साथ प्रस्तावना का महत्व पूर्णतः अस्वीकार कर दिया गया। पाश्चात्य नाटककारों के प्रभावस्वरूप हिन्दी नाटककार भूमिकाओं में नाटक के कथानक अथवा नाटक रचना के उद्‌देश्य के विषय में अथवा किसी सिद्धांत विशेष के प्रतिपादन के संबंध में विस्तृत विवेचन देते हैं। प्रसाद के सभी ऐतिहासिक नाटकों में, अश्क के 'छठा बेटा' में, सेठ गोविन्ददास के 'शशिगुप्त' में तथा उदयशंकर भट्ट के 'मुक्ति पथ' में ऐसी भूमिकाएँ दी गई हैं।

हिन्दी नाट्य-विधान की मौलिकता है--उपक्रम और उपसंहार। सेठ गोविन्ददास ने 'गरीबी और अमीरी' में, जगदीशचन्द्र माथुर ने 'कोणार्क' में यह प्रयोग किया है। उपसंहार का प्रयोग नाटक के अंत में कथा के सारे सूत्रों को समेटने के लिए किया जाता है।

आज के नाटककार संस्कृति के सूत्रधार का प्रयोग 'कमेन्टेटर' के रूप में नाटकों के रूप में करने लगे हैं। पहले रेडियो नाटक में नेरेटर के रूप में इसका प्रयोग होता था। आजकल रंगमंचीय नाटकों में भी इसका उपयोग किया जाता है। विष्णु प्रभाकर और उदयशंकर भट्ट के कुछ नाटकों के अतिरिक्त वृंदावनलाल वर्मा के 'नीलकण्ठ' में यह प्रयोग दृष्टव्य हैं। आधुनिक नाटककारों द्वारा अंक-विभाजन का भी त्याग किया गया है और पाश्चात्य प्रभाव स्वरूप हिन्दी नाटककार एक ओर अंकों का उपविभाजन कई दृश्यों में करते हैं, दूसरी ओर इस प्रवृत्ति के विरुद्ध केवल अंक ही रखे जाते हैं, उन्हें दृश्यों में नहीं बांटा जाता। आज के प्रायः सभी समस्या नाटकों में प्रायः अंक ही रखे गए हैं। 'ध्रुवस्वामिनी' (प्रसाद), 'सिन्दूर की होली', 'राजयोग', 'राक्षस का मंदिर' (लक्ष्मीनारायण मिश्र) एवं 'संतोष कहाँ ?', 'त्याग या ग्रहण' (सेठ गोविन्ददास) आदि के नाटकों में केवल अंक विधान हैं। भारतीय नाट्यशास्त्रों के नियमानुसार नाटकों में पांच अंकों का विधान है लेकिन आधुनिक नाटककार इसमें भी मुक्त होता जा रहा है। वह अपनी कृति में रंगमंच की दृष्टि से तीन ही अंक उपयुक्त मानता हैं। 'सिन्दूर की होली', 'ध्रुवस्वामिनी', 'स्वप्न भंग', 'आहुति', 'प्रतिशोध', 'रक्षाबंधन' एवं भट्ट जी के 'मुक्ति पथ' लक्ष्मीनारायण लाल और मोहन राकेश के नाटकों में तीन ही अंकों का उल्लेख (विधान) स्पष्ट है।

नाटकों में स्वगत के बहिष्कार की भावना प्रसाद युग में ही जागृत हो गई थी। सेठ गोविन्ददास, लक्ष्मीनारायण मिश्र पाश्चात्य प्रभावों को ग्रहण कर नाटक की स्वाभाविकता के लिए स्वगत का प्रयोग बंद करने में प्रयत्नरत थे। किंतु समय-समय पर कथा-विकास और चरित्र-चित्रण के लिए स्वगत का प्रयोग नाटकों में किया भी गया है। सेठ गोविन्ददास ने स्वगत के विरोधी होकर भी अपने नाटक 'गरीबी' और 'अमीरी' नाटक में उसकी योजना की है तथा नाटक की भूमिका में उसकी उपयोगिता स्वीकार की है।

आधुनिक नाटकों में विस्तृत रंग-संकेतों का प्रयोग अति आवश्यक माना जाने लगा। प्रत्येक अंक तथा प्रत्येक दृश्य के आरम्भ में दृश्य विधान, स्थान, उद्यान, भावन वातावरण आदि का विशद संकेत तो होता ही है, साथ ही पात्रों की स्थिति, रंग, आयु, वेशभूषा, उनकी मुद्रा तथा अन्य रंगमंच संबंधि विशिष्ट बातों का विस्तृत चित्र दे दिया जाता है। इतने विस्तृत एवं सुलझे हुए रंगसंकेत पहले नहीं किए जाते थे। आधुनिक नाटककार,नाटक को रंगमंच पर लाने की सुविधाएँ अधिकाधिक देना चाहता है। अतएव आज के नाटककार रंग दृष्टि को अत्यधिक महत्वपूर्ण मानते हैं। नाटककार, लक्ष्मीनारायण लाल ने 'रातरानी'

की भूमिका में लिखा है—'नाटककार केवल लेखक ही नहीं है, वह प्रस्तुतकर्ता, निर्देशक की प्रतिभा, अभिनेता और रंगशिल्प पहले की कला से परिचित होने की अपेक्षा रखता है। आज का नाटककार मानता है कि नाट्यकृति में रंगसंभव इतनी व्याप्त हो कि रंगमंच के सभी वर्गों को अपनी कल्पना और प्रतिभा दिखाने का सुअवसर मिल सके। इसी को कहेंगे समाज का रंगमंच।' निःसंदेह यह दृष्टि भारतीय रंगमंच के लिए एक नया और शुभ चरण है।

आधुनिक नाटकों में संवादों पर अत्यधिक ध्यान दिया गया है। अतः नाटक में, संवादों को संक्षिप्त, सजीव, सहज और अभिनयोचित बनाने का प्रशंसनीय प्रयत्न किया गया है। यथार्थवादी समस्या नाटकों में सरल, चुस्त, प्रवाहशील संवाद मिलते हैं। ऐतिहासिक और पौराणिक नाटकों में भी अभिनय तथा स्वाभाविकता का ध्यान रखा गया है। प्रेमी के प्रायः सभी ऐतिहासिक नाटकों में तथा मोहन राकेश के 'आषाढ़ का एक दिन' में शुद्ध हिन्दी का प्रवाह होते हुए भी संवाद आवश्यकतानुसार कहीं संक्षिप्त कहीं कुछ बड़े किंतु अत्यन्त अभिनयात्मक, आकर्षक और हृदयस्पर्शी हैं।

संवादों के बीच पद्य का प्रयोग प्रायः आज का नाटककार उचित नहीं समझता। आज इस अस्वाभाविकता का सर्वथा बहिष्कार कर दिया गया है। रंगमंच पर गीत नृत्य आदि की अपेक्षा नेपथ्य या पृष्ठभूमि से छवि प्रभाव आदि देने की प्रवृत्ति रंग नाटकों में बदली जा रही है। करुण दृश्य के लिए पृष्ठभूमि के करुण धुन, आंधी तूफान जैसे दृश्यों के लिए नाटकों में ध्वनि प्रभाव का उपयोग किया जाता है।

आधुनिक नाटककारों ने भाषाशैली का विशेष ध्यान रखा। अवसर के अनुकूल, प्रांतीय-भाषाओं और बोलियों का प्रयोग किया है। प्रेमी के नाटकों के मुस्लिम पात्र उर्दू-प्रधान हिन्दी में बोलते हैं। सेठजी के 'सेवापथ' के पात्र, मराठा, बंगाली, सिक्ख आदि पात्र अपनी-अपनी भाषाओं का ही व्यवहार करते हैं।

नाटकों में प्रसाद युग से ही रस को महत्वपूर्ण स्थान नहीं प्राप्त हो सका था। इस काल में भी नाटक, घटना वैचित्र्य, कथा-सौंदर्य और चरित्र-चित्रण प्रधान हैं। निःसंदेह यह कहना अत्युक्ति न होगा कि हिन्दी नाटकों में अनेक नवीन प्रवृत्तियाँ आईं, नए प्रभाव पनपे, नई टैकनीक शैली-शिल्प विकसित हुए और हो रहे हैं किंतु फिर भी हिन्दी नाटकों की आत्मा भारतीय ही है।

सम्पूर्ण रूप से भारतेन्दु से लेकर आज तक के हिन्दी नाट्य साहित्य का अवलोकन करने के उपरांत यह स्पष्ट होता है कि हिन्दी नाटक निरंतर सक्रिय रहा है। रूढ़ियों, परम्पराओं, अस्वाभाविकताओं का त्यागकर नवीन प्रभावों,

विचारों, प्रवृत्तियों और नवीन प्रयोगों को ग्रहण करने की उदारता उसमें सदैव रही है। हिन्दी नाट्य साहित्य को प्रसाद ने साहित्यिक चैतन्य, भारतीय गौरव और उच्च कोटि के साहित्य से अंलकृत किया है तो लक्ष्मीनारायण मिश्र और भुवनेश्वर जैसे प्रमुख हस्ताक्षरों ने बौद्धिकता और मनोविश्लेषणता द्वारा उसे सजाया-संवारा है। उपेन्द्रनाथ अश्क ने उसे रंगमंचीय स्वाभाविकता, अभिनयात्मकता, व्यंग्य की चुभन और सरलता तथा सहजता से आलोकित किया और डा. रामकुमार वर्मा ने उसे यथार्थ आदर्श से पुष्ट कर कौतुहल तथा चरमोत्कर्ष द्वारा उसे गतिशीलता प्रदान की है। अन्य प्रगतिशील नाटककारों यथा मोहन राकेश, जगदीशचन्द्र माथुर, लक्ष्मीनारायण लाल, धर्मवीर भारती ने हिन्दी की जो नई मंजिल प्रदान की है वह विस्मृत नहीं की जा सकती।

यद्यपि हिन्दी नाटकों में मौलिक नाटकों की संख्या कम नहीं है तथापि राष्ट्रीय नाट्य रंगमंच के निर्माण में आंतरप्रांतीय रंगचेतना के आदान-प्रदान की प्रक्रिया का महत्व है। आज अन्यान्य भाषाओं से यथा मराठी, गुजराती, तेलुगु, बांगला, कन्नड़, मलयालम आदि से हिन्दी में अनुवादों की भरमार और हिन्दी रंगमंच पर अनुदित नाटकों की विपुलता स्वाभाविक ही है। विभिन्न रंग-युक्तियाँ, अंक-विभाजन या अविभाजन, दृश्य की संकल्पना और शीर्षक पात्रों के नामकरण, आदि में नए-नए प्रयोग और प्रवृत्ति इन नाटककारों में अधिक हैं।

शैलियों की वैविध्य, शिल्पगत प्रयोग, मिथक, प्रतीक आदि के प्रयोग, समूहगीत कोरस, लोबल्स का प्रयोग, लोक नाट्य शैली के नाम पर बेसुरे संगीत और नृत्य को अपनाने पर हिन्दी नाटकों का भविष्य पिछड़ा जा रहा है। फलतः हिन्दी नाटक और रंगमंच को आर्थिक व्यावसायिक स्थैर्य नहीं मिल सका।

हिन्दी मंच पर प्रस्तुत संगीत राग बद्ध न होकर 'लाइट म्यूजिक और कहीं भोंडा संगीत बनकर रह गया है क्योंकि लोक शैली के नाम पर नाटकों में दर्शकों को आकर्षित करने के लिए रूस और जर्मनी, फ्रांस और इटली के भोंडे संगीत को अपने नाट्य में स्थान देकर अपनी विशिष्ट पहचान बनाना चाहते हैं। यह हास्यास्पद है।

हिन्दी रंगमंच के क्षेत्र में 1960 के बाद जो बदलाव आया उसे ध्यान में रखकर यही कहना उपयुक्त होगा कि नाट्य लेखन और प्रस्तुति के क्षेत्र में संख्यात्मक वृद्धि के बावजूद गुणात्मक विकास या समकालीन चेतना और नाट्य प्रस्तुतिकरण की क्षमता का अभाव है। नाटककार रंग-स्थिति की दृष्टि में रखकर नाटक लिखे और हिन्दी में नाटकों के अभाव को दूर करने का भरपूर प्रयास करे। आज, उसी को नाटक माना जाता है जो रंगसिद्ध हों। विगत दो दशकों

के भीतर कई नाटककारों ने अपनी रचनाओं से समसामयिक संवदेना को सक्षम रंग चेतना सहित समन्वित सम्प्रेषित करने के प्रयास किए हैं। उल्लेखनीय कृतियाँ मंच पर रूपाश्रित होकर नए युग के लिए विकास की यात्रा का प्रारम्भ कर रही हैं। 'अंधा युग', 'शतुरमुर्ग', 'बुलबुलसराय', 'सिंहासन', 'त्रिशंकु', 'खजुराहो', 'एक और द्रोणाचार्य', 'रस गंधर्व', 'रात रानी', 'मिस्टर अभिमन्यू', 'आठवां सर्ग', 'सूर्य की अंतिम किरण से सूर्य की पहली किरण तक', 'इतिहास चक्र', 'दरिन्दे', 'बिन बाती के दीप', आदि इस संदर्भ में विशेष उल्लेखनीय हैं। इसके अतिरिक्त प्रादेशिक भाषाओं बंगला, मराठी, गुजराती, कन्नड़, मलयालम और उड़िया से अनेक नाटककार हिन्दी मंच पर आए और शीघ्र चर्चित हो गए। इनमें बादल सरकार, शंभुमित्र, विजय तेंदुलकर, विनय राय, गिरीश कर्नाड, मनोरंजनदास, चि. त्र्य. खानोलकर, आद्य रंगाचार्य, कानेटकर आदि के नाम विशेष उल्लेखनीय हैं।

स्त्री-पुरुषों के बदलते संबंधों तथा उससे उत्पन्न समस्याओं का व्यक्ति के मानसिक अंतर्द्वन्द्वों का प्रतीकों के माध्यम से प्रस्तुत किया गया। दूसरी भाषाओं के नाटककारों के ग्लैमर से मंडित हो जाने पर उनके कुछ ऐसे नाटक 'आधे अधूरे', 'द्रोपदी', 'कर्फ्यू', 'देवयानी का कहना है', 'तिलचट्टा', 'तेन्दुआ', 'गुफाएँ', 'संतोला', आदि ऐसे नाटक हैं जो ग्लेमर से आच्छादित, सेक्स की अमर्यादित अभिव्यक्ति के साथ प्रदर्शित होने लगे।

प्रतिवर्ष हिन्दी में सत्तर अस्सी नाटक प्रकाशित होते हैं किंतु मंच पर लगभग सौ से ऊपर प्रस्तुत होते हैं।

नाट्य रूपांतर प्रायः हिन्दी के उपन्यासों में प्रेमचंद के 'गोदान' (होरी के नाम से) 'प्रेमाश्रय', 'सेवासदन' तथा 'रंगभूमि' (सूर की आँखें) के नाम से यशपाल के 'अमिता', श्री लाल शुक्ल के 'राग दरबारी', पं. आनन्द कुमार के 'बेगम का तकिया', मिर्जा सजवा कृत 'उमरावजान-अदा' डा. रांगेय राघव कृत 'कब तक पुकारूँ', डॉ. हजारी प्रसाद द्विवेदी कृत 'बाणभट्ट की आत्मकथा' तथा प्रेमचन्द की अनेक कहानियाँ 'कफन', 'ईदगाह', 'शतरंज की मोहरें', 'सवासेर गेहूँ' आदि के भी नाट्य रूपांतर हो चुके हैं। कई उपन्यासों या कहानियों का भी नाट्य रूपांतर किया गया है। जिसे कहानी—नाटक का नाम दिया गया है और ऐसे कहानी, नाटक 'कहानी का रंगमंच' के नाम से चल निकले हैं और इसने हिन्दी नाटक और रंगमंच को एक नई दिशा दी है।

रंगमंच प्रस्तुतिकरण संबंधी समस्याएँ

आज के पूरे हिन्दी साहित्य को गहराई से देखा जाए तो साफ जाहिर होगा कि उसके सामने एक प्रश्न चिन्ह है। साहित्य की हर विधा उन्मुख है। नए-नए रूपों प्रकारों प्रयोगों और माध्यमों की ओर प्रयत्नशील है। उनकी सफलता-असफलता स्थायित्व और अस्थायित्व के प्रश्न के बीच। साहित्यकार कभी भटकता, कभी चिंतन पद्धति को मोड़ देता हुआ सजग रहने का प्रयास कर रहा है। एक बात निश्चित है और वह है जीवन के अनेक पहलुओं तक उसकी पहुँच। नाटक की भी कुछ ऐसी ही स्थिति है। यद्यपि दृश्य काव्य होने के कारण युग-जीवन से प्रत्यक्षतः संबंध होने के कारण कहानी, उपन्यास की तुलना में वह समृद्ध नहीं है। रंगमंच के अभाव में नाटक पाठकों की सम्पत्ति बनता जा रहा है, दर्शक पिक्चर हाऊस की शरण लेता है और नाटककार धीरे-धीरे रेडियो की ओर उन्मुख होता गया है। साहित्यिकता के नाम पर केवल सुन्दर पाठ्य नाटक रचकर मुक्ति पाता रहा है। यद्यपि देश में वर्तमान सांस्कृतिक नवोन्मेश के साथ-साथ रंगमंच की ओर ध्यान आकृष्ट हुआ है, किंतु अभी हिन्दी रंगमंच की सुनिश्चित दिशा विकसित इतिहास और परम्परा नहीं बन सकी है। हिन्दी रंगमंच आज भी विविध प्रकार की और एक साथ कई स्तरों की समस्याओं से ग्रस्त है। कहीं रंगशाला नहीं है, कहीं रंगशाला है तो उसे दर्शक का अभाव है जिसके जीवन और मनोरंजन का रंगमंच अभिन्न अंग बन चुका है। कहीं प्रस्तुतकर्ता, निर्देशक और अभिनेताओं में समझौता नहीं है, या जिनकी अपनी सीमाएँ हैं। इन सबसे दूर नाटककार अपने बड़प्पन के बोझ से दबा अपनी ही चारदीवारी में बंधा बैठा है। और इन सबसे अलग नाट्य साहित्य का अध्यापक रंगमंच को दूर फेंककर नाटक के तत्वों पर भाषण देते हुए संवादों का अर्थ बताता जा रहा है। यह अलगाव है नाट्य क्षेत्र में जो घातक है, दयनीय है। नाटक के प्रति आज भी हमारा दृष्टिकोण

बदला नहीं है। बड़े-बड़े नगरों के अतिरिक्त अन्य स्थलों पर नाटक को उच्च कलात्मक दृष्टि से नहीं देखा जाता । वह कोरा मनोरंजन का साधन समझा जाता है। नाटक और रंगमंच को हेय दृष्टि से देखने का बीज अभी तक भारतीय जनता में विद्यमान है।

अभिनय एक कला है जो सदैव सम्मानित होनी चाहिए। किंतु हमारे भारतीय वातावरण में स्वातंत्र्योपरांत भी अभिनय को, अभिनेता, अभिनेत्रियों को, निर्देशकों को समाज में मान्य स्थान प्राप्त नहीं है। आज भी यहाँ अधिकांश दर्शक वर्ग ऐसा है जो सस्ता मनोरंजन चाहता है और अनेक दृश्यों को रंगमंच पर वर्जित समझता है। प्रेम या रोमांस का साधारण सा दृश्य देखकर, किसी स्त्री पात्र की साधारण सी भाव-भंगिमा देखकर सस्ते ढंग से फब्तियाँ कसना उनका अभ्यास है। ऐसी स्थिति में बहुत से अच्छे निर्देशक, कुशल अभिनेता, अभिनेत्रियाँ अपने उत्साह को दबाकर बैठ जाते हैं। इस मनोवृत्ति में परिवर्तन लाने के लिए अदम्य उत्साह और साहस की ही अपेक्षा अवश्य है इनमें सबसे अधिक सहयोग उच्च कुल के, सम्भ्रांत परिवार के सदस्यों को देना चाहिए। नाटक और रंगमंच की केवल लोकप्रियता ही अपेक्षित नहीं है, उसके प्रति विशिष्ट रुचि, सम्मान की भावना और सम्मिलित क्रियाशीलता अधिक आवश्यक है।

आज भी हमारी विचार दृष्टि रंगमंच के प्रति उपयुक्त नहीं है। साधरणतः रंगमंच से अभिप्राय रंगभवन और स्टेज लिया जाता है और उसे केवल मनोरंजन का साधन माना जाता है जबकि नाट्यशास्त्र में वर्णित नाट्य के समान रंगमंच भी अर्थ गौरव से पूर्ण अनंत गरिमा लिए हुए है। रंगमंच युग और काल को, मानव प्रकृति को, सामाजिक स्वरूपों को, अन्य प्रभावों को प्रस्तुत करने का सबल माध्यम है। शेक्सपियर के हेमलेट ने रंगमंच को ऐसा दर्पण कहा है जो समस्त प्रकृति की सफल अनुकृति करता है। मनुष्य का यह सनातन स्वभाव है कि वह स्वयं कुछ सृष्टि आत्म प्रदर्शन करना चाहता है। रंगमंच मनुष्य की इसी प्रवृत्ति का परिणाम है। 'रंगमंच और नाटक की भूमिका' में डॉ. लक्ष्मीनारायण लाल ने अपने वक्तव्य में कहा है, "रंगमंच मनुष्य की मूलतः आंतरिक वृत्तियों तथा उसकी सम्पूर्ण शक्ति का सृजन रूप है। मनुष्य अपने प्राप्त जीवन के भीतर से एक अपना रचा हुआ जीवन अनुभूत करता है, और सजा बनाकर ईश्वर अथवा प्रकृति के दिए सीमित तथा विवश जीवन से सर्वथा भिन्न सिद्ध कर वह यह कहने में गौरवान्वित होता है कि वह मैं हूँ यह मेरा जीवन है, जिसका नियामक और उपभोक्ता मैं हूँ। रंगमंच की आत्मा नाटक अथवा नाटकीयता है और उसका

सनातन धर्म प्रदर्शन है।"

रंगमंच के क्षेत्र में दूसरी निर्विवाद और महत्वपूर्ण समस्या है अच्छी उपयुक्त एवं नियमित रंगशाला का अभाव। कुछ बड़े-बड़े नगरों को छोड़कर अन्य नगरों में नियमित रंगमंच नहीं के बराबर हैं। दिल्ली जैसे शहर में भी जनसंख्या की दृष्टि से रंगशालाएँ बहुत कम हैं जबकि वहाँ कई स्थानों पर छोटी-छोटी रंग-शालाओं की भरमार होनी चाहिए। टिकट खरीद कर नाटक देखनेवाली जनसंख्या भारतवर्ष में बहुत कम है। यही कारण है कि बड़े नगरों में भी रंगशालाओं का उपयोग जितना अधिक सम्पन्न वर्ग के लोग कर पाते हैं उतना अन्य जन समूह नहीं। यही कारण है कि साधारण वर्ग सिनेमा हाल की ओर भागता है। नाटक खेले जाने की बहुत मांग है, नाटक दिखाने और खेलने का भी उत्साह है किंतु नाटकघरों के अभाव में नाटक पढ़ने-पढ़ाने तक ही सीमित रह जाता है। अव्यवसायी मंडलियों को नाटकघर प्राप्त ही नहीं होते और जो दो चार नाटकघर उपलब्ध होते हैं वे भी रंगमंचीय साज-सज्जा, स्थायी पर्दों और आलोक व्यवस्था से विहीन होने के कारण अधिक व्यय की मांग करते हैं और नाटक खेलने वालों के पास इतना धन नहीं होता। धन के अभाव में नाटक का विज्ञापन यथासम्भव नहीं हो पाता। यही नहीं छोटी-छोटी मंडलियों के पास ऐसा निश्चित स्थान भी नहीं होता जहाँ वे नियमित रूप से रिहर्सल कर सकें। फलस्वरूप अभिनेताओं को मंच पर प्रवेश, प्रस्थान में हिचकिचाहट रहती है और स्टेज रिहर्सल न होने से अन्य कमजोरियों के कारण नाटक दर्शकों के मन-प्राण को नहीं छू पाता, एक सतही प्रभाव छोड़कर रह जाता है। अतः नाटक और रंगमंच के अधिकाधिक प्रचार के लिए रंगशाला, रिहर्सल का स्थान, विज्ञापन के साधन होना आवश्यक हैं। श्री नेमीचन्द्र जैन ने रंगमंच संबंधित समस्याओं पर विचार करते हुए बड़े स्पष्ट शब्दों में कहा है कि "नाटक को यदि हमारे सांस्कृतिक जीवन का अविच्छिन्न अंग बनाना है तो यह सर्वथा आवश्यक है कि वह कभी-कभी होने वाली हलचल के रूप में नहीं बल्कि हमारे दैनिक जीवन की एक अनिवार्य परिस्थिति के रूप में वर्तमान रहे। यह कार्य स्पष्ट ही तब तक सम्भव नहीं जब तक प्रत्येक नगर में कम से कम ऐसा नाटकघर न हो जहाँ शाम को नाटक खेले जाते हों, जहाँ अनायास ही दर्शक पहुँचते हों और साथ ही जहाँ स्थानीय तथा बाहर की छोटी-बड़ी नाटक मंडलियाँ न्यूनतम साधारण सुविधाओं के साथ नाटक खेल सकती हों।"

अभिनय की दृष्टि से सफल नाटकों का अभाव भी रंगमंच की समस्या है। प्रारम्भ से ही हिन्दी में श्रेष्ठ रंगमंच न होने के कारण अभिनयोपयोगी नाटकों का प्रश्न सदैव बना रहा। नाटक केवल साहित्य है अथवा केवल रंगमंच यह

आलोचना का विषय है, नाटक दोनों का योग है। साहित्यिकता एवं रंगमंचीय आवश्यकताओं से पूर्ण नाटक ही श्रेष्ठ और सफल नाटक कहा जाएगा। साहित्यिकता केवल सुन्दर भाषा या शैली तक ही सीमित नहीं है। नाटक की सच्ची साहित्यिकता उसके शब्दों में नहीं वरन् उसकी दृढ़ संरचना, ने उसके कथानक की तर्क संगति, में उसके चरित्र-चित्रण की सजीवता में निहित रहती है। सुनिश्चित रंगमंच के अभाव में आज रेडियो नाटक अधिक लोकप्रिय होते जा रहे हैं। हिन्दी रंगमंच के विकास के लिए नाटककारों एवं नाटक मंडलियों का पारस्परिक संबंध अनिवार्य है। नाटककारों को रंगमंच का व्यावहारिक ज्ञान आवश्यक है। नाटकों में लम्बे-लम्बे संवादों, नाटकीय गति और कार्य-व्यापार की तीव्रता की कमी, क्लिष्ट हिन्दी, अस्वाभाविक योजनाएँ, अनुपयुक्त दृश्य योजनाएँ आदि होने से अभिनीत होनें में असफल होते हैं। भारतीय भाषाओं अथवा विदेशी भाषाओं के नाटकों के हिन्दी अनुवाद की ओर ध्यान आकृष्ट होना आवश्यक है।

हिन्दी रंगमंच की अपरिपक्वता का एक कारण यह भी है, कि सामान्य सी समस्याओं के कारण नाटक की प्रभावशीलता नष्ट होने लगती है जिसके कारण प्रेक्षक वर्ग सिनेमा की ओर आकर्षित होता है। प्रायः यदि अभिनेता ठीक होते हैं तो निर्देशक अभिनय से सर्वथा अपरिचित और निर्देशक कुशल होता है, तो उसे नाटक के पात्रों के व्यक्तित्व के अनुरूप एवं अभिनय कला में दक्ष अभिनेता नहीं मिलते। यदि यह समरूप किसी तरह हल भी हो जाए तो ध्वनि प्रभाव एवं प्रकाश के न तो अच्छे यंत्र मिलते हैं और न उनका उपयोग करने में कुशल व्यक्ति। वस्तुतः नाटक को एक सामूहिक कला मानकर प्रयत्नशील होने की अपेक्षा है। प्रत्येक व्यक्ति व्यक्तिगत प्रतिभा प्रदर्शन और श्रेय के लोभ में न पड़कर सामूहिक प्रयास का महत्व समझना चाहिए। अभिनेता, निर्देशक, नाटककार, नाटक से संबंधित शिल्पी, दर्शक समाज ये सभी हिन्दी रंगमंच और नाटक की प्रगति और विकास के उत्तरदायी हैं।

अक्सर हमारा पारिवारिक और सामाजिक वातावरण लड़कियों को रंगमंच पर नहीं आने देता। स्वतंत्र और प्रगतिशील भारत के बड़े-बड़े नगरों में भी यह समस्या सामने आती है कि निर्देशकों को स्त्री पात्रों के लिए अभिनेत्रियाँ नहीं मिलतीं। असज, लड़कों को लड़की के रूप में प्रस्तुत करना अत्यंत ही हास्यास्पद हो गया है। अतएव ऐसे नाटकों की खोज होती है जिनमें केवल पुरुष पात्र हों। निःसंदेह ऐसे नाटक बहुत कम हैं और उनकी रंगमंचीय सफलता पर विश्वास नहीं किया जाता यद्यपि जगदीशचन्द्र माथुर का 'कोणार्क' नाटक केवल पुरुष

पात्रों से ही दर्शकों को प्रभावित करता रहा है। यह समझना अत्यावश्यक है कि रंगमंच और नाटक सस्ती, हीन और केवल मनोरंजन की वस्तु ही नहीं वरन् सांस्कृतिक दृष्टि से उसका बहुत महत्व है। सुरेश अवस्थी का यह कथन उल्लेखनीय है कि ''रंगमंच को संस्कृति के एक महत्वपूर्ण तत्व के रूप में स्वीकार करने की आवश्यकता है और साथ ही उसे एक ऐसे महत्वपूर्ण कला माध्यम के रूप में विकसित करने की आवश्यकता है जो हमारी सांस्कृतिक अभिव्यक्ति और विनिमय का सशक्त साधन होगा।''

नाटक के प्रति, रंगमंच के प्रति वह दृष्टिकोण बनाने के लिए आज बड़े स्तर पर रंगमंच आंदोलन को राष्ट्रीय आंदोलन का रूप देने की आवश्यकता है। इस आंदोलन में नाटककार, नाट्य समीक्षक, प्रेक्षक वर्ग, विश्वविद्यालय तथा अन्य शिक्षा संस्थाओं एवं सरकार की रुचि, सहयोग, सामूहिक प्रयत्न अपेक्षित हैं। अभी तक विश्वविद्यालयों में नाटक साहित्य का अध्ययन अध्यापन कथा साहित्य काव्य आदि के समान होता है। नाटक के प्रशिक्षण में यदि अंग-संचालन, अभिनय, नाटक पाठ संवादों को बोलने के ढंग आदि पर भी जोर दिया जाना चाहिए। विदेशों में इस प्रकार का नाटक शिक्षण सफलतापूर्वक चल रहा है। रवीन्द्रभारती विश्वविद्यालय, आंध्र विश्वविद्यालय और बड़ौदा में नाटक विभाग भी है, जहाँ डिग्री, डिप्लोमा और सर्टिफिकेट के पाठ्यक्रम चलते हैं। किन्तु इन प्रयासों में एकरूपता नहीं है। सम्पूर्ण राष्ट्र में इन योजनाओं को क्रियान्वित होना चाहिए। रंगमंच की उचित व्यवस्था होने पर ही सभी स्कूल, कोलेजों, विश्वविद्यालयों में प्रारंभिक शिक्षा काल से ही छात्र-छात्राओं में नाटकों के प्रति सुरुचि जागृत हो सकेगी। हिन्दी रंगमंच के उत्थान संबंधित प्रश्नों का उत्तर देते हुए श्री उपेन्द्रनाथ अश्क ने एक महत्वपूर्ण संकेत किया है। ''नाटक रंगमंचों से पहले ड्राइंगरूमों अथवा रीडिंग क्लबों में खेले-पढ़े जाएँ। नाटककार ही नाटक न पढ़े वरन् नाटक की भूमिकाएँ विभिन्न लोगों में बाँट दी जाएँ और वे लोग नाटक खेलने के अंदाज में भाव-भंगिमाओं सहित उन्हें पढ़ें।'' शिक्षा के दैनिक जीवन से रंगमंच का संबंध जुड़ने पर ही आने वाली नई पीढ़ी को रंग-संस्कार, नाट्य मर्यादा और रंगमंच के प्रति उनका उचित सौंदर्य बोध बन सकेगा।

नाटक को सर्वाधिक प्रभावित करने वाले तत्व हैं 1. रंगशाला, 2. अभिनेता, 3. दर्शक समाज, 4. रंग सज्जा। ब्रैंड मैथ्यूज ने इस तथ्य पर विशेष बल दिया है कि नाटक केवल साहित्य तक सीमित नहीं है, वह चित्रकला की सहायता लेता है। रंगमंच को नाटक का निकष मानते हुए उन्होंने कहा है–''नाटक को रंगमंच से अलग करके उस पर विचार करना असम्भव है। रंगमंच से ही वह

उत्पन्न हुआ है और वहीं उसे पूर्ण अभिव्यक्ति मिलती है। सभी श्रेष्ठ नाटकों की रचना अपने समय की रंगशालाओं में लेखक के समकालीन दर्शकों के सन्मुख अभिनेताओं द्वारा प्रस्तुत करने के लिए की गई थी। महान् लेखकों के सब उत्कृष्ट नाटक अभिनय के लिए रचे गए थे। पढ़े जाने के लिए नहीं। उन्होंने नाटक पर सबसे अधिक और तात्कालिक प्रभाव अभिनेता का माना है। डॉ. लक्ष्मीनारायण लाल ने भी नाटक का मूल तत्व अभिनेता को मानते हुए कहा है कि, ''रंगमंच का जीवंत माध्यम और शक्ति अभिनेता है, जो अपनी अभिनय कला से नाटक के आधार पर दर्शक समाज को बांध लेता है। अभिनेता की रचना और व्याख्या रंगमंच को जीवंत रूप देती है। अभिनयात्मकता वृत्ति जो रंगमंच की अनन्य शक्ति है, इसका मूल यही अभिनेता है।'' पाश्चात्य नाटककार शेक्सपीयर, मोलियर जैसे श्रेष्ठ नाटककारों ने अपने युग के रंगमंच की परिस्थितियों के अनुरूप कथावस्तु को ढालकर अपने युग के दर्शकों की रुचि के अनुसार और उस समय के विशिष्ट अभिनेताओं के लिए प्रमुख पात्रों की रचना की। साथ ही रंगशाला का आकार, दृश्य-सज्जा, आलोक-व्यवस्था, ध्वनि प्रभाव भी नाटक को प्रभावित करते हैं। दूसरी ओर नाटककार को अपने देश की सभ्यता, संस्कृति अपने समकालीन दर्शकों के मतों, धारणाओं, पूर्वाग्रहों, रुचियों का ध्यान भी रखना पड़ता है। प्रायः यह देखा गया है कि बंगाल में अत्यंत लोकप्रिय होने वाला नाटक अथवा बम्बई के रंगमंच पर सफल नाटक यू.पी. के रंगमंच पर सर्वथा असफल रहा। डॉ. लक्ष्मीनारायण लाल ने भी ड्रामा की मौलिक विशेषताओं पर विचार करते समय लिखा है, ''ड्रामा अपनी प्रकृति और विद्या विशेष में सबसे अलग है यहाँ यह है कि ड्रामा में दर्शक सत्य-सनातन से जुड़ा हुआ है। बिना दर्शक के किसी ड्रामा की कल्पना और परिकल्पना ही नहीं की जा सकती।'' इस प्रकार नाटक का संबंध रंग भवन, मंच, रंग, शिल्प, रंग सज्जा तथा दो मूलभूत तत्वों से है। वे तत्व हैं—अभिनेता और दर्शक। प्रत्येक नाटककार को नाट्य रचना के रूप शिल्प, उसके प्रस्तुतिकरण के व्यावहारिक पक्ष तथा विभिन्न प्रकारों एवं दर्शकों के सौंदर्य बोध और रुचि वैविध्य का ज्ञान होना चाहिए।

प्रकाश व्यवस्था एवं संचालन

भारतीय नाट्यशास्त्र में रंगदीपन की पद्धति यूरोपीय रंगदीपन पद्धति से भिन्न थी। यूनानी नाट्यशालाओं में दिन में ही नाटक होते थे। इसलिए वहाँ रंगदीपन की समस्या बहुत जटिल नहीं हो पाई थी। रोम के रंगमंच भी इसी प्रकार के थे। रंगमंच पर प्रकाश विधान की आवश्यकता का महत्व समझने वाला सर्वप्रथम व्यक्ति इतलिया निवासी सर्लियों था। उसने वर्णन किया है कि 'मैंने रंगीन पानी की शीशियों के पीछे मोमबत्तियाँ और मशालें रखकर दृश्य सज्जा के बीच से प्रकाश डालने का प्रयत्न किया और प्रकाश को बढ़ाए रखने के लिए उन बत्तियों के प्रतिबिम्बक (रेफ्लेक्टर्स) के रूप में थालियाँ और तश्तरियाँ लगाई थीं। इस प्रकार के प्रकाश का प्रयोग सर्वप्रथम इटली के पैलेडियों थियेटर में किया गया था।

सन् 1628 में तलदीप (फुट लाइट) और पक्षदीप (बॉर्डस) के रूप में मोमबत्तियाँ काम आती थीं। रंगदीपन के इतिहास में यह नया प्रयोग था। 18वीं शताब्दी से तेल के दीपकों का प्रारम्भ हुआ। न्यूयार्क में सन् 1767 में निर्मित 'जान स्पीड थियेटर' में तीस वर्ष तक मोमबत्तियाँ ही जलाई जाती रहीं।

सन् 1783 में आरगैण्ड लैम्प का आविष्कार हुआ। फलस्वरूप मिट्टी का तेल और शुद्ध किया हुआ तारपीन का तेल तीव्र प्रकाश पदार्थ काम में लाए जाने लगे, तब रंगशाला को और भी अच्छा प्रकाश प्राप्त होने लगा। सादा तेल और बत्ती के साथ काँच की चिमनी वाला नया दीपक चार सहस्र वर्षों में प्रकाश के संबंध में सबसे अधिक महत्वपूर्ण आविष्कार था। धीरे-धीरे ये दीपक मोमबत्तियों के बदले काम में लाए जाने लगे।

इसके बाद गैस बत्ती का पदार्पण हुआ। सन् 1781 में इंग्लैंड के विलियम मरडोक ने उसके निर्माण का सर्वाधिकार ले लिया और 1803 में लन्दन के

'लीसियस थियेटर' में विन्डसर ने गैस के प्रकाश की व्यवस्था की। 1886 तक वेल्स बारह प्रकाश जाली का आविष्कार हुआ जिसमें प्रकाश की तीव्रता कई गुना बढ़ गई और इनका प्रयोग अंचल-दीप, तलदीप, पक्षदीप और समूह दीप सब में होने लगा।

गैस के प्रकाश ने दृश्य सज्जा (सीनिफ डिजाइन) और चित्रकारी पर भी बहुत बरसों के लिए अपनी गहरी छाप छोड़ी।

सन् 1909 में सर हम्फ्री डैवी ने वृत्त प्रकाश (आर्क) का आविष्कार रंगशाला में बिजली के रूप में किया। पाँच वर्ष पश्चात् एम. जे. दुबोसेक ने इसी वृत्त प्रकाश (आर्क) के आधार पर एक नया विद्युत यंत्र बनाया। धीरे-धीरे अनेक प्रकार के प्रकाशयंत्र आविष्कृत होने लगे और रंगदीपन भी कला के रूप में विकसित होने लगा। किन्तु इन प्रकाश दीपों के आविष्कार ने वर्तमान रंगदीपन की शैली को रंगशाला में नहीं पहुँचाया। हाँ, इतना अवश्य है कि इनका प्रभाव तीव्रता से बढ़ा।

प्रारम्भ में बिजली के प्रकाश दीपों का प्रयोग केवल तल दीप, अंचल दीप और पार्श्वदीपों (साइड लाइटों) में होता रहा। केन्द्रीय प्रकाश की आवश्यकता होने पर वृत्त प्रकाश का प्रयोग किया जाता था। उन दिनों बिजली की बत्तियों का प्रकाश कुछ मंद नारंगिया रंग का होता था। आगे चलकर इन बत्तियों में नाइट्रोजन और आइगोन मिलाकर भरने से बत्तियों की चमक बढ़ गई।

प्रकाश के इन साधनों से रंगदीपन में बड़ा विकास हुआ है। प्रसिद्ध नाट्य प्रयोक्ता और अभिनेता स्टील मैक्केयी ने अनेक प्रकार प्रकाश डालने वाले यंत्र बनाए थे। मरिये फार्तूनी ने आकाश गुम्बद बनाया जो स्वाभाविक या दृश्यात्मक आकाश और पृष्ठभूमि प्रकाश के लिए अब तक सर्वोत्कृष्ट साधन माना जाता रहा है। इसके अतिरिक्त स्थल-दीप, प्रतिबिम्बक, स्ट्रिप लाईट, फ्लड लाइट आदि रंगमंच पर प्रयुक्त होते रहे हैं। इन सब विकासों के साथ रंग का नया माध्यम भी विकसित हुआ।

वर्तमान युग के किसी भी नाट्य प्रयोक्ता को उस समय तक सफलता नहीं मिल सकती, जब तक वह प्रकाश की व्यवस्था भली-भांति न समझ ले, क्योंकि कुछ नाट्यशालाओं में सारा नाटक प्रकाश व्यवस्था पर ही अवलम्बित होता है। वर्तमान रंगशाला का सबसे महत्वपूर्ण यांत्रिक साधन है प्रकाश नियंत्रण व्यवस्था और वर्तमान युग के किसी भी नाटक की विशेषता है प्रकाश की सूक्ष्म विविधता, जो किसी नाटक के अभिनय संसार के साथ चलती रहती है। प्रकाश की विविधता से दृश्य के भाव को प्रभावशाली बनाने के लिए प्रकाश की

आवश्यकता होती है जो हर्ष और विषाद को व्यक्त करने में बहुत हद तक सहायक सिद्ध होते हैं।

रंगदीपन व्यवस्था के लिए आवश्यक है अनेक यंत्रों का परिचय प्राप्त कर लेना। जिन तल दीपों और अंचल दीपों का प्रयोग बहुत होता था वे आज आवश्यक नहीं समझे जाते। आज तो केन्द्रक काँच (फाकसिंग लैंस) वाले उन स्थल दीपों (स्पाटलाइट) का प्रयोग अनिवार्य हो गया है, जिनके द्वारा रंगीन प्रकाश उपलब्ध है ये दोनों स्थल दीप प्रायः रंगमंच के बाहर दोनों ओर लगा दिए जाते हैं। इनके अतिरिक्त अभिनेताओं को प्रकाशमान करने के लिए प्रेक्षागृह की छत में स्थल दीप इस प्रकार लगा दिए जाते हैं कि वे लगभग 60 अंश से रंगमंच के अग्र भाग से अभिनेता के मुख पर प्रकाश डालते हैं। इन स्थल दीपों का रंग भी दृश्य की प्रकृति के अनुसार होने पर ही प्रकाश योजना सफल होती है। नाटक के भाव के अनुसार ये धीरे-धीरे तीव्र (डिम्ड अप) करने और धीरे-धीरे मंदित (डिम्ड डाउन) कर दिए जाते हैं।

प्रकाश को मंद एवं तीव्र करने के लिए संचालन फलक का प्रयोग किया जाता है जो सम्पूर्ण प्रकाश व्यवस्था का स्नायु केन्द्र है। किंतु एक साथ बहुत सी बत्तियों का संचालन करना असंभव होने पर नवीन प्रकाश नियंत्रण व्यवस्था हुई। प्रतिक्रियात्मक मन्द्रक जो विद्युत् चक्र को नियंत्रित करता है। स्वतः परिवर्तित मन्द्रक (आटो ट्रांसफर हिओस्टेट) जो अपने आप किसी बत्ती की शक्ति (वाल्टेज) को इच्छित प्रकाश तीव्रता में परिवर्तित कर देता है। दृश्य बदलने के लिए जो यांत्रिक प्रगति हुई है, उनमें और भी वृद्धि होती जा रही है।

इस प्रकार से रंगदीपन का कार्य किसी भी नाटक के प्रयोग में इतना प्रमुख हो गया है कि नाट्य-प्रयोक्ताओं का सारा ध्यान दृश्य सज्जा और रंगसज्जा से हटकर बिजली की व्यवस्था पर ही केन्द्रित हो चला है।

नाट्य खेलने से पूर्व नाट्य व्यवस्थापक को प्रकाश व्यवस्थापक से मिलकर रंगदीपन की पूरी व्यवस्था कर लेनी चाहिए। प्रायः नाटक खेलते समय बहुत से प्रयोक्ता इस बात का ध्यान नहीं रखते कि किस क्रम में बिजली की बत्तियों का संयोजन किया जाए।

रंगमंच का उतना ही प्रकाश अपेक्षित है, जितना उस दृश्य के अभिनय को प्रभावशाली बना सके, दृश्य को नहीं। आजकल पूर्ण प्रकाश देने के बदले छाया और प्रकाश का उचित योग देकर केवल निर्दिष्ट अंश को प्रकाशित किए रखते हैं और केवल एक ओर से अथवा एक कोने से धारावाही अकेला प्रकाश देते हैं कि उससे अभिनेताओं की भावभंगी मुद्रा और चेष्टाएँ अधिक स्पष्ट और

प्रभावशाली प्रतीत हों। इसीलिए आजकल तलदीप (फुटलाइट) का प्रयोग कम होने लगा है। साधारण सी बात है कि प्रकाश ऊपर से ही नीचे को आता है। नीचे से ऊपर नहीं। इसी प्रकार से आने वाले प्रकाश के कारण या मुख के पलकों तथा अन्य भागों की ऐसी हल्की छाया मुख पर पड़ती है, जिससे प्रत्येक मानव मुख की रेखाएँ स्पष्ट होती हैं और निखरती हैं।

भावों के प्रदर्शन में बहुत हद तक प्रकाश सहायक होता है। अर्थात् प्रकाश द्वारा भी भावों का प्रस्तुतिकरण सम्भव है। हल्के नीले रंग की किसी भी छाया या झलक (शेड) से ठंडी, तड़के की ओर पौ फटने की भावना उत्पन्न होती है। शोक, निराशा, या हानि के भाव दिखाने के लिए यह रंग उपयुक्त है। हिम श्वेत रंग जाड़े की रात, अकेलेपन तथा प्रतिक्षा के भाव प्रदर्शन करने वाले दृश्यों के लिए प्रयुक्त किया जाता है। हल्का पीलापन लिए हुए (जैसे गेहूँ के डण्ठल का रंग) स्वच्छ चमकदार दिन के प्रकाश के लिए काम आता है। राजसभा, उत्सव, शोभायात्रा, रथयात्रा, उल्हास और उत्साह के दृश्य इस प्रकाश में अधिक उपयुक्त लगते हैं। हल्के भूरे, पीले रंग के प्रकाश का प्रयोग कमरे में सूर्य की धूप दिखलाने के लिए किया जा सकता है। मध्यम पीले रंग का प्रयोग तीसरे पहर के प्रकाश के लिए किया जाता है। दृश्यपीठ के पीछे छिपते हुए सूर्य का प्रदर्शन करने के लिए लाल रंग के प्रकाश का प्रयोग किया जाता है। गुलाबी रंग का प्रकाश संध्या के लिए उपयुक्त होता है।

भयानक दृश्यों में तांत्रिक, जादूगर, डाकू या हत्यारा अपने हाथ में दीपक या मोमबत्ती लेकर आए, तब वह दृश्य उस समय अत्यंत प्रभावशाली सिद्ध होगा, जब मंच के शेष सब प्रकाश बंद रहें। अग्निकुंड या अंगीठी में अधिक प्रकाश होना चाहिए और शेष स्थान में अंधेरा होना चाहिए।

यूँ तो नाटक के प्रदर्शन में प्रत्येक विभाग में ही समुचित व्यवस्था की जरूरत होती है। लेकिन प्रकाश योजना में इसकी (व्यवस्था की) विशेष रूप में आवश्यकता है क्योंकि प्रकाश व्यवस्था का वास्तविक काम तब शुरू होता है जब बाकी सब लोग अपना काम पूरा कर चुके होते हैं। किसी नाटक की प्रकाश योजना तय करने के लिए यह आवश्यक है कि नाटक को सावधानी से पढ़ लिया जाये और प्रदर्शन की पद्धति और शैली तथा निर्देशक की व्याख्या को समझ लिया जाए। नाटक की प्रकाश योजन का उद्देश्य कई प्रकार से प्रस्तुति को अधिक प्रभावी बनाना ही है।

रोजमर्रा की जिन्दगी में प्रकाश और रंगों से हमारा जो सम्पर्क होता है वह अलग-अलग तरह की अनुभूति पैदा करता है। जिस प्रकार हमारे चिंतन में रंगों

के उपयोग के बारे में भारतीय जीवन में प्रचलित अच्छा लगने या न लगने की प्रतिक्रियाएँ मौजूद हैं वैसे ही लम्बे समय से पश्चिमी जीवन के संस्पर्श से रंगों के संबंध में उस भावधारा की प्रतिक्रियाओं से भी हम परिचित हैं। मंच और प्रकाश के संबंध में सोच-विचारकर कोई सामंजस्य लाया जा सके तो वह नाटक के काव्य के अलावा अनुभूति के क्षेत्र में भी प्रभाव डालता है और दर्शक श्रोता के मनोराज्य में इसका प्रतिफलन उपलब्धि की मात्रा बढ़ा देता है। नाटक में साधन के रूप में प्रकाश का उपयोग सिर्फ देखने के लिए ही नहीं है। दिखाने के लिए भी उसकी मदद ली जा सकती है। शर्त यही है कि नाटक को समझ कर और सोच विचार कर उसका प्रयोग किया जाये।

पिछले तीस वर्षों में दृश्य कितना बदल गया है। अब कहीं-कहीं कुछ अंधेर क्षेत्रों के बीच में कभी-कभी यहाँ-वहाँ रोशनी के धब्बे जैसे भी दिखाई पड़ने लगते हैं। तीन दशक पहले जब हमने रंग जगत में प्रवेश किया था तब हमें नाटक में प्रकाश और दृश्य योजना का क्या महत्व है ? यह मालूम नहीं था। बहुत संघर्षों के बाद निर्देशक और अभिनेता भी प्रकाश और छाया की सम्भावनाओं के बारे में सजग हुए।

आजकल प्रकाश का अथवा मंच-प्रकाश का महत्व और भी बढ़ गया है क्योंकि आधुनिक कला और रंगमंच के बारे में धीरे-धीरे हमारे विचारों में बड़ा परिवर्तन होता जा रहा है। दर्शक वर्ग की संवेदनशीलता और जानकारी भी बढ़ रही है। इसलिए प्रकाश के सार्थक प्रयोग द्वारा कल्पनाशील आकृतियों और सतहों के आभास से ऐसा नया यथार्थ रचा जा सकता है जो पुराने रूढ़िवादी दृश्य-विधान में लकड़ी, कपड़ा तथा अन्य सामग्री के उपयोग द्वारा असम्भव है। आज प्रकाश द्वारा किसी बात को प्रमुखता देने, मिटाने अथवा धुंधला कर देने की जो क्षमता है और आकृतियों, धरातलों और सतहों को बदल देने की जो शक्ति है वह रंगकर्मी के लिए एक बड़ा शक्तिशाली हथियार बन जाती है।

आधुनिक हिन्दी नाटकों का प्रभात—भारतेन्दुयुगीन धारा

हिन्दी भारतेन्दु की चिरऋणी रहेगी। भारतेन्दु जी के पूर्व हिन्दी अपने आपको अशक्त अनुभव कर रही थी। उन्होंने उसे सहारा देकर, नई शक्ति का संचार करके उसके मार्ग को प्रशस्त बनाने में काफी योग दिया है। हिन्दी के मंच पर भारतेन्दु एक सृजन की अनुपम प्रेरणा और संदेश लेकर आए। नई शिक्षा, नया परिवेश, पश्चिमी साहित्य आदि के प्रवाह में सम्पूर्ण भारतीय जनता बह रही थी। भारतेन्दु ने उसे अपनी लेखनी का सहारा दिया।

भारतेन्दु के नाटकों का रचना काल वह युग है जब भारत का भाग्य बन चुका था। भारतेन्दु ने अपनी लेखनी में अपूर्व शक्ति धारण की थी। भाषा का परिष्कार कर भावनाओं को जीवन दान दिया। आधुनिक गद्य की परम्परा का विकास भारतेन्दु से होता है। नाटकों के रूप में आपका योग स्तुत्य है। इन्होंने अनुवाद भी किए और अनेक मौलिक नाटकों की रचना भी की।

राजा लक्ष्मणसिंह का शकुन्तला अनुवाद अंग्रेजी नाटकों का अभिनय, अंग्रेजी नाट्य प्रेमी सज्जनों की प्रेरणा और अंग्रेजी नाटकों की छाप संयुक्त बंगला भाषा, इस प्रकाश को हिन्दी साहित्यकारों के सम्मुख प्रस्तुत करने के माध्यम थे।

अतः इस युग के नाटकों ने भारतीय पुरातन तत्वों के साथ अंग्रेजी नाटकों से भी प्रभाव ग्रहण किया था। भारतेन्दु का 'नाटक' इस युग के नाटकों पर संस्कृत और अंग्रेजी नाटकों के प्रभाव को आंकने में सहायता पहुँचाता है।

भारतेन्दु ने अपने नाटकों द्वारा बहुमुखी सृजन किया। देशभक्ति की सोई आग को जगाया एवं नई शिक्षा के रूप को अपनाया। उसका विस्तार मानव की जीवन धरती पर बहुत दूर-दूर तक था। उनकी प्रतिभा, कला और कल्पना की सीमाएँ बहुत उदार थीं।

भारतेन्दु प्राचीनता और नवीनता के मोहपाश में नहीं फँसे। उन्हें न तो योरोपीय चमक ने ही चकाचौंध किया न ही वे प्राचीनता की लीक ही पीटते रहे। हम देखते हैं कि यह युग संधि युग है जिसमें प्राचीन और अर्वाचीन विचार-धाराओं और संस्कृत रूपक विधान एवं आंग्ल नाट्य शैली का योग है। यह युग सामाजिक, धार्मिक, सांस्कृतिक एवं साहित्यिक प्रत्येक दृष्टि से अत्यन्त महत्वपूर्ण काल है।

भारतेन्दु युगीन साहित्य का स्वरूप स्थिर नहीं शांत होता है जिसका कारण स्पष्टतः साहित्य में क्रांति होना है। साहित्यिक शैली एवं भाषा, परिवर्तित होकर परम्परा एवं रूढ़ियाँ मिट रही थीं। संस्कृत साहित्य की साधारण परिवर्तनों के साथ आ रही परम्परा, भारतेन्दु युग में समाप्त होकर पाश्चात्य यथार्थवादी शैली के साहित्य के निर्माण का आग्रह हो रहा था।

जिस समय भारतेन्दु का आगमन हुआ उस समय नाटककारों, अभिनेताओं और रंगमंच को समाज में आदर प्राप्त नहीं था। ऐसे लोगों को हेय दृष्टि से देखा जाता था। नवोत्थान की प्रेरणा के कारण यूरोपीय और संस्कृत नाट्य साहित्य के अध्ययन ने नाटक को पुनः ललित कला के रूप में स्थापित किया। अनेक प्राचीन और नवीन नाटकों का अध्ययन करने के पश्चात् कालानुसार एक नवीन नाट्य शिल्प की रूपरेखा प्रस्तुत की गई। भारतेन्दु युगीन नाटककारों के सम्मुख नाट्य रचना के दो आदर्श थे। प्रथम संस्कृत नाटक एवं दूसरा अंग्रेजी साहित्य के शेक्सपीयर के नाटक।

भारतेन्दु हरिश्चन्द्र तथा उनके समकालीन नाटककारों ने अपने चारों ओर के जीवन और भारतीय पुराणों तथा इतिहास से संवेदना ग्रहण की और जीवन को पुष्ट कर जन-मन के हृदय के तारों को झनझनाने का प्रयत्न किया।

अभी तक हमारा हिन्दी नाट्य साहित्य संस्कृत की रूढ़ियों में जकड़ा हुआ था। प्रस्तावना, भरतवाक्य, असाधारण पात्रों को ही नायकत्व सौंपना तथा सुखान्त आदि के जो प्राचीन सिद्धांत थे, उन्हें धीरे-धीरे बहिष्कृत किया गया। नवीन नाट्य शैली जो पश्चिम की देन है, को अधिक प्रयोग में लाया गया। संस्कृत का संकुचित रंगमंच समाप्त हो गया था एवं पाश्चात्य अनेक पदों से युक्त विशाल रंगमंच हिन्दी में आया।

इस युग का साहित्य व्यक्तिगत समस्याओं से आबद्ध न होकर सामाजिकता-पूर्ण था। स्वाभाविक था, साहित्य की अन्य विधाओं की ही भांति नाटक में भी ये परिवर्तन आते और आए भी। उसमें बैठे अपने आराध्य की आराधना के स्थान पर भारत के समाज की दयनीय अवस्था पर आंसू की आर्द्रता अधिक स्पष्ट

है।

लोक से भिन्न परलोक की ओर ध्यान न देकर जन जीवन पर इस युग के साहित्यकारों की दृष्टि है तथा साहित्य में करुणा और क्रांति के भाव प्रमुख हैं। धर्म और पुराणों से हिन्दी नाटक प्रेरणा एवं कथानक ग्रहण करते रहे पर दृष्टि उनकी लोक पर ही थी।

भारतेन्दु एक ऐसे केन्द्र बिन्दु थे जिन्होंने अपने आस-पास साहित्यिक विद्वानों का एक मंडल केन्द्रित कर लिया था। इन्होंने सच्चे अर्थों में साहित्य की उन्नति स्वयं की है और दूसरों को भी प्रगतिशील बनने में अपना संपूर्ण सहयोग दिया है।

भारतेन्दु के पूर्व भी अनूदित और मौलिक नाट्य परम्पराएँ थीं परन्तु भारतेन्दु ही पहले व्यक्ति थे जिन्होंने नाट्य-साहित्य-विकास में चोटी का प्रयत्न किया।

भारतेन्दु युगीन नाटकों के अध्ययन के पश्चात् यह निश्चित तथ्य हमारे सम्मुख स्पष्ट हो जाता है कि धीरे-धीरे हिन्दी के नाटककारों में साम्प्रदायिकता की संकुचित विचारधारा लुप्त हो गई थी एवं राष्ट्रीयता की महानदी बहने लगी थी। यह भी सत्य है कि इस युग तक संपूर्ण भारत का रूप इनकी आँखों में अधिक स्पष्ट नहीं हो सका था, फिर भी हम यह भी देखते हैं कि इनके नाटकों में ग्रहीत समस्याएँ किसी एक जाति, समाज प्रांत या वर्गगत नहीं थीं। हिन्दी क्षेत्रों के अतिरिक्त अन्य प्रांतों के नाटककार भी इनके निकट आते जा रहे थे।

बंगाल और हिन्दी प्रदेशों के साहित्यकार एक समान ही, एक तरह की समस्याओं के हल ढूंढ़ने निकले थे।

निर्विवाद रूप से हिन्दी प्रदेश के अनेक सुधारवादी आंदोलन बंगदेशीय सुधारकों के व्यक्तित्व एवं विचारों से अनुप्रेरित थे। यह कोई जरूरी नहीं था कि हिन्दी प्रदेश के ये नाटककार भी बंगाल की समस्याओं के साथ-साथ चलते परन्तु यह सत्य है कि यहाँ पर आकर सभी के हित और समस्याएँ एक समान हो जाती हैं। जब कि राष्ट्र का प्रश्न होता है। उनके हृदय में अनुसरण के समय थोड़ी भी हिचक नहीं थी।

अपनी रक्षा के लिए उन्होंने अत्याचार का विरोध कर दमन नहीं सहा है। भारतेन्दु युगीन नाटककारों ने अपने नाटकों में जो समस्याएँ उठाई हैं उनका संबंध व्यक्ति विशेष के हितों से न होकर सम्पूर्ण राष्ट्र से है। किसी एक समस्या के प्रति विभिन्न वर्गों के विभिन्न विचारों का उद्घाटन कर, वर्गों की भिन्न प्रतिक्रियाओं के प्रकाशन द्वारा, भिन्न वर्गों की वैचारिक असमानता पर प्रकाश डालने का कोई प्रयास इन नाटकों में नहीं किया गया है।

अंध विश्वास, वैवाहिक समस्याएँ, शासन की शोषक अर्थनीति आदि समस्याएँ सम्पूर्ण भारत की जनता के लिए चिन्तनीय थीं। ये किसी वर्ग विशेष की नहीं थीं। यही कारण था कि हिन्दी के साथ ही अन्य भाषा के नाटककार भी कन्धे से कन्धा मिलाकर चल रहे थे।

उन्हें मानवता की रक्षा के लिए इस्लामी, मसीही या अन्य किसी धर्म से द्वेष नहीं था। भारतेन्दु हरिश्चन्द्र, श्रीनिवासदास, राधाकृष्णदास, प्रताप नारायण मिश्र, बद्रीनारायण चौधरी 'प्रेमधन', किशोरीलाल गोस्वामी, देवकीनन्दन तथा अन्य अनेक नाटककारों की विविध प्रकार की रूपक रचनाओं में जीवन की कुरूपताओं और उनके निराकरण और परिष्कार की भावना प्रधान है। भारत की दुरावस्था पर अश्रु बहाते हुए रोग, मद्य, आलस्य, धनहीनता, बलहीनता, अविद्या, पारस्परिक फूट, कलह, पाश्चात्य सभ्यता का अन्धानुकरण, धार्मिक अंध विश्वास, छुआछूत, दंभ पाखण्ड, भूत प्रेत, तथा अनेक देवी देवताओं की पूजा दुर्भिक्ष, निजभाषा के प्रति उदासीनता और फलतः अधःपतन, देश का आर्थिक शोषण, असंगठन अंध परम्परा आदि का उल्लेख और भारत में चारों ओर छाए हुए अंधियारे का उन्होंने अत्यंत क्षोभपूर्ण शब्दों से वर्णन किया है। भारत के प्राचीन गौरव का स्मरण करते ही अपने हृदयोद्गारों को रोक न सकने के कारण वे आशा-निराशा के बीच डूबने-उतरने लगते और विचलित हो उठते थे। उनकी तत्कालीन राजनीतिक चेतना ने उन्हें अपने अधिकारों के प्रति सजग बना दिया था, किंतु अंग्रेजी राज्य से पूर्णतः संबंध विच्छेद की भावना अभी पैदा नहीं हुई थी।

भारतेन्दु नाट्य शैली की विशेषताओं में एक विशेषता यह भी है कि अनेक नाटक और देवकीनंदन त्रिपाठी द्वारा रचित अधिकांशतः प्रहसन प्रमुख रूप से ग्रामीण परिवेश ही लिए हुए हैं। त्रिपाठीजी के 'कलियुगी विवाह', 'कलियुगी जनेऊ', 'जय नरसिंह की' आदि प्रहसनों की भाषा ठेठ ग्रामीण है।

भारतेन्दुयुगीन यथार्थवादी साहित्यकारों ने अपनी साहित्य रचना का साधन गद्य को ही बनाया है। नाट्य साहित्यकारों का इस क्षेत्र में काफी सहयोग प्राप्त हुआ। खड़ी बोली गद्य-साहित्य का जो रूप आज हम उस युग के नाटकों में पाते हैं वह हमें जरूर अटपटा सा लगता होगा। उसमें शुद्ध भाषा को न पाकर उसमें हम असाहित्यिकता भी ढूंढ़ने लग जायें परन्तु यह सबको मानना ही पड़ेगा कि आधुनिक खड़ी बोली का जो परिष्कृत रूप हम देख रहे हैं वह भारतेन्दु युग की ही देन है। अधिकांशतः नाटककारों की रचनाएँ हमें हल्की सी भी लगें किन्तु एक सीमित शक्ति के पश्चात् भी जिस साहस और उमंग से नाट्य रचना

की क्रियाएँ हो रही थीं वे स्तुत्य हैं।

इससे यही प्रकट होता है कि पूर्व भारतेन्दु युग में हिन्दी साहित्य की लोकप्रियता में वृद्धि करने के लिए जो आंदोलन भारतेन्दु तथा उनके सहयोगियों ने प्रारंभ किया था वह सशक्त बन गया था।

भारतेन्दु बाबू एवं उनके सहयोगीगण हिन्दी साहित्य को सम्पूर्ण जनता की भावनाओं एवं विचारों की अभिव्यंजना का साधन बनाने में सचेष्ट थे। भारतेन्दुयुगीन नाट्य साहित्य का सामान्य स्तर भले ही निम्न था किंतु उसका विकास तीव्र गति से हो रहा था।

रूपक और उप-रूपक के विविध भेदों में से सबसे अधिक रचना नाटकों और प्रहसनों की हुई है। रूपकों में प्रहसन हास्य रस प्रधान है। पाश्चात्य कॉमेडी के अनुकरण पर भारतीय लेखकों ने भी तदानुसार रचना करना प्रारंभ कर दिया था। हिन्दी में पहले-पहल 1873 में भारतेन्दु हरिश्चन्द्र ने ही वैदिकी हिंसा-हिंसा-न भवति नामक प्रहसन लिखा।

भारतेन्दुयुगीन नाट्य साहित्य की प्रमुख दुर्बलता रंगमंच का अभाव थी। स्थायी एवं व्यवस्थित रंगमंच इस युग में एक भीं नहीं दृष्टिगोचर होता। यह अभाव बाद तक कुछ कालों में बना रहा। वर्तमान समय में भी यदि देखा जाए, तो अन्य भाषाओं का रंगमंच जितना विस्तार पा सका है उतना हिन्दी रंगमंच नहीं।

अकेले भारतेन्दु ने ही हिन्दी साहित्य को इतना योगदान दिया है कि उनके नाम से ही यह युग जाना जाता है। उन्होंने संस्कृत के अनेक नाटक भेदों के उदाहरण हिन्दी में प्रस्तुत कर उसे विस्तारित किया। एकांकी नाटकों के रूप में 'भारत जननी' रचना की। 'भारत दुर्दशा' और 'नील देवी' जैसी दुखान्त (ट्रेजेडी) लिखकर हिन्दी नाट्य साहित्य में अपनी नवीनता प्रस्तुत की। अब तक ऐसी व्यावसायिक कंपनियों ने भी जन्म ले लिया था जो कि जनता की रुचि को दूषित कर रही थीं। ऐसी कम्पनियों के विरोध में स्वयं भारतेन्दु ने कई स्वस्थ और सुरुचिपूर्ण नाटकों की रचना की, यहाँ तक कि स्वयं अभिनय भी किया। अपने नाटकों की तीनों रूपान्तर, अनुवाद और मौलिक परम्पराओं के द्वारा एक निश्चित मार्ग प्रदर्शन किया।

राजनीतिक, सामाजिक सुधार, देशप्रेम आदि का नाटकीय प्रदर्शन कर जनता का ध्यान, साहित्य की ओर आकर्षित किया। नाटकों में उसके रूप में स्थैर्य लाने के लिए गद्य-पद्य के स्थान पर गद्य का प्रयोग अधिक किया। भारतेन्दु के नाटकों की सबसे प्रमुख विशेषता यह थी कि उन्हें अभिनयोचित बनाया।

इस तरह हम पाते हैं कि भारतेन्दुयुगीन नाट्य साहित्य ने बहुत शीघ्र प्रगति की थी। उनका जो दृष्टिकोण नाटकों में प्रस्तुत हुआ था वह भारत के समाज के मध्यम वर्गीय व्यक्ति का दृष्टिकोण है। इसीलिए उनके नाटकों ने भारत की जनता को तीव्र गति से प्रभावित किया।

भारतेन्दुयुगीन रंगमंचीय धारा

यह तो प्रायः सभी देशों में निर्विवाद रूप से स्वीकृत हुआ है कि नाटक और रंगमंच का संबंध घनिष्टतम है। हमारे संस्कृत के आचार्यों ने भी नाट्य को अनुकरण स्वीकार किया है। इस अनुकरण की पूर्ति रंगमंच पर ही की जा सकती है। भारतेन्दु काल के प्रायः सभी नाटककार भी इसी मत के समर्थक रहे हैं कि नाटक की पूर्णता रंगमंच पर प्रस्तुत करने में ही है। भारतेन्दु जी का 'नाटक' नामक निबंध इसका प्रमाण है जिसमें अनेक अभिनय संकेत किए गए हैं। इसी तरह पं. शालिग्राम शास्त्री अपने नाटक 'लावण्यवती सुदर्शन' की प्रस्तावना में दर्शकों को नाटक के लिए अनिवार्य मानते हैं। वे कहते हैं कि "ऐ ! नाटककार! यदि तू नाटक ही रचना चाहता है तो ऐसा नाटक रच कि दर्शक लोग आनंद से भरकर इधर-उधर नटों का मुँह उत्सुकता से ताकते रहें।"

इस तरह इस युग में नाटकों की रचना अभिनय के हेतु हो रही थी। जनता की रुचि भी अभिनय की ओर अग्रसर हो रही थी। जगह-जगह पर हिन्दी के साहित्यिक नाटकों को प्रस्तुत किया जा रहा था। सबसे अधिक लोकप्रियता के शिखर पर थे भारतेन्दु के नाटक। भारतेन्दु के अनेक नाटकों को मंच पर प्रस्तुत किया गया। ये नाटक बनारस, कानपुर, प्रयाग आदि अनेक शहरों में प्रदर्शित हुए। 'वैदिकी हिंसा-हिंसा-न भवति', 'नील देवी', 'भारत दुर्दशा', 'अंधेर नगरी' आदि नाटक मंच पर काफी लोकप्रिय हुए ।

भारतेन्दु के अतिरिक्त अन्य नाटककारों के नाटक भी अभिनीत हुए। इन नाटकों के अभिनय की सूचना उस समय की विभिन्न पत्र-पत्रिकाओं से प्राप्त होती है।

नाटक की रचना अभिनय के लिए हुई थी। यह नाटकों की प्रस्तावनाओं से स्पष्ट होता ही है, इसके अतिरिक्त नाटकों में दिए गए रंगसंकेत और पाद-

टिप्पणियाँ जिनमें अभिनय एवं रंगमंच की व्यवस्था संबंधी निर्देश दिए गए हैं, से भी प्राप्त होते हैं। अनेक नाटककारों ने अपने-अपने नाटकों में अभिनय के संकेत दिए हैं।

भारतेन्दुयुगीन नाटककारों को रंगमंच हेतु नाटक लिखने की प्रेरणा इन्दर सभा और पारसी थियेटरों से प्राप्त हुई। इन नाटकों में बाह्य तड़क-भड़क अधिक थी। इनका वातावरण मुसलमान लेखकों ने निर्मित किया था। दो विरोधी भावों को पराकाष्ठा तक ले जाकर और इस प्रकार दर्शक मंडली की हृत्तंत्री का पूर्ण प्रसार कर पद्य का पूर्ण प्रसार कर, सत्य की असत्य पर विजय दिखा देना ही चरित्र-चित्रण का एकमात्र उद्देश्य था। इन नाटकों में जिस भाषा का प्रयोग किया गया था वह उर्दू की कृत्रिमता लिए थी और स्थान-स्थान पर ग़ज़लों का प्रयोग भी था। हिन्दी नाटकों पर इसका प्रारंभ में प्रभाव अवश्य ही पड़ा। किंतु उनमें सुरुचि थी जो गंभीरता लिए थी।

स्वयं भारतेन्दुयुगीन की मंडली ने बाबू भारतेन्दु हरिश्चन्द्र के 'सत्य हरिश्चन्द्र' का अभिनय किया था। काशी, कानपुर, प्रयाग, आस बिहार, झांसी आदि रंगमंच के प्रमुख नगर रहे। पंडित माधव शुक्ल कृत रंगमंचीय नाटकों में 'सीता स्वयंवर' और 'महाभारत पूर्वार्ध' 'आनंदप्रसाद खत्री कृत' गौतम बुद्ध, 'कृष्ण लीला', 'ध्रुवलीला', 'परीक्षित', 'कृष्ण सुदामा', हरिदास माणिक कृत 'संयोगिता हरण', 'पांडव प्रताप', 'श्रवणकुमार', पं. माखनलाल चतुर्वेदी कृत 'कृष्णार्जुन युद्ध', जमनादास मेहरा कृत, 'विश्वामित्र देवयानी', 'जवानी की भूल', 'हिन्दू कन्या', 'पंजाब केसरी' दुर्गाप्रसाद कृत 'हम्मीर हठ', 'भक्त तुलसीदास', 'महामाया', 'नकाबपोश', श्रीमती मंजरी शिवराम गुप्त कृत, 'चिरागे-चीन,' 'दूज का चांद', 'परिवर्तन' और 'पहली भूल' आदि मुख्य रंगमंचीय नाटक हैं।

भारतेन्दुयुगीन नाट्य रंगमंच जनता की इच्छा पर आश्रित था। शिक्षा का प्रसार अधिक नहीं था फलतः जनता की रुचि का स्तर निम्न था।

रंगमंचीय नाटक पारसी कम्पनियों से प्रभावित थे फलस्वरूप इनकी कथा-वस्तु में बाह्य समाज और दिखावे की प्रवृत्ति मुख्य रही है।

भाषा उर्दू थी और उनमें पद्य तथा गद्य की प्रधानता के साथ-साथ हास्य भी निम्न स्तर का रहता था।

इन नाटकों में गंभीरता के साथ-साथ आदर्शवादी प्रवृत्ति भी रही जिसने सामाजिक, राजनीतिक एवं धार्मिक समस्याओं को जन्म दिया। इसी कारण जन-जागृति, हिन्दू-मुस्लिम ऐक्य, हरिजनोद्धार आदि भी प्रतिबिम्बित होते हुए इन नाटकों में मिलते हैं।

कला की दृष्टि से भले ही उच्चकोटि इन्हें प्राप्त नहीं हो सकी किंतु नाटक को विस्तार अधिक प्राप्त हुआ।

अव्यावसायी मंडलियों ने प्रायः पौराणिक कथानक को ही ग्रहण किया है। संगीत की परम्परा भी साथ-साथ चलती रही और इससे काव्यत्व का विकास होता रहा। अशिक्षित जनता रामलीला और रासलीला के आदर्श को ग्रहण करने में लगी रही।

इन नाटकों की शैली और पारसी थियेट्रिकल नाटकों की शैली में कोई विशेष अन्तर नहीं दिखाई देता। दोनों की कथा चरम सीमा तक पहुँचते-पहुँचते प्रायः एक समान दिखाई पड़ती है। विषय को दृष्टिपथ में रखकर देखें तो पाएँगे कि जबकि पारसी कम्पनियों ने सस्ते मनोरंजन के विषय चुने वहीं, भारतेन्दुकालीन रंगमंचीय नाटकों के पौराणिक विषय अधिकांश रहे। देश को स्वतंत्र करने की लालसा में राष्ट्रीयता की भावना भी समाविष्ट होती रही।

इन नाटकों के विषय पौराणिक रहे इसलिए चरित्रों में गंभीरता मिलना स्वाभाविक है। हास्य में सुरुचि स्थापित करने की कोशिश अवश्य की गई है किंतु उसमें पूर्ण सफलता नहीं मिल सकी।

कलात्मक दृष्टि से इनमें से अधिकतर मध्यम कोटि के नाटक हैं किंतु यह निर्विवाद है कि इन्हीं नाटकों ने आगे के लिए एक उपयुक्त क्षेत्र बना दिया। सुन्दर, सशक्त वृक्ष की उत्पत्ति के लिए बंजर धरती को उपजाऊ बना देना कोई कम कार्य नहीं था।

इन नाटकों के दोषों को ढूंढ़ने बैठने की अपेक्षा उनके प्रदेय को ही आत्मसात् करना चाहिए। वैसे यदि कहें, तो हम देखते हैं कि ये नाटककार भी पारसी शैली के चटपटे वाक्यों, शेरों और दर्शकों को प्रसन्न करने की प्रवृत्ति से प्रभावित थे। स्वयं भारतेन्दु जी के 'भारत दुर्दशा' नाटक में इस शैली का प्रभाव है।

भारतेन्दुयुगीन नाट्य रंगमंच, भीड़ द्वारा निर्देशित था। जनता की रुचि का विशेष ध्यान रखा जाता था। जहाँ की जनता अशिक्षित हो, उस पर जनता ही की रुचि को ध्यान में रखा जाए, तब ऐसे नाटकों में कलात्मक सौंदर्य की अपेक्षा रखना ही व्यर्थ है। व्यावसायिक मंडलियों के हाथों में रंगमंच चले जाने से साहित्यिक कलात्मक नाटकों का अभाव हो गया था। हिन्दी के नाटककारों के समक्ष आदर्श रूप में संस्कृत के नाटक तो थे किन्तु रंगमंच का जो स्वरूप था वह पाश्चात्य था। हिन्दी नाटकों का आरंभ भी संस्कृत नाटक के अनुवाद तथा उसी के नियमों के पालन से हुआ था रंगमंच का कोई प्रत्यक्ष स्वरूप भी नहीं था इसलिए रंगमंचीय नाटकों की रचना के लिए एक प्रश्न चिन्ह सा ही इन

नाटककारों के समक्ष उपस्थित होता रहता था। इसका परिणाम यही निकला कि रंगमंचीय नाटक तो लिखे गये परंतु रंगमंचीय विशिष्टताओं से अपूर्ण इसलिए इस युग के नाटक संख्या में अधिक भले ही हों परन्तु दोषों से परिपूर्ण हैं। नाट्य साहित्य बढ़ा, किन्तु रंगमंच विकसित नहीं हो पाया। इसका कारण यह भी कहा जा सकता है कि भारतेन्दु की प्रतिभा साहित्य के विभिन्न क्षेत्रों में बंटती गई।

इन नाटकों में साहित्यिक सौंदर्य के अभाव में कई कारणों ने प्रश्रय दिया है। डा. भानुदेव शुक्ल के अनुसार—

''हम देखते हैं कि मुगल-शासन काल में अभिनय एवं नाट्य की स्थिति इतनी शोचनीय हो गई कि नाट्य कला हेय कला मानी जाने लगी। स्वांग, नौटंकी, आदि निम्न स्तर के अभिनयों के द्वारा रंगमंच गर्हित वस्तु बन कर रह गया। साहित्यिक नाटकों के विकास के साथ रंगमंच के पुनर्निर्माण का जब प्रश्न सम्मुख उपस्थित हुआ तो उत्साही नाट्यकार ने देखा कि उसका कार्य अछूतोद्धार के कार्य से कम कठिन नहीं है।

'नट' शब्द में ही निरादर समा गया था। भारतेन्दु युग के पश्चात् कई वर्षों तक नट शब्द घृणा का पात्र बना रहा और उसका गौरवान्वित रूप 'अभिनेता' हो गया।

अभिनय में सच्ची लगन रखने वाले उत्साहियों ने प्रयास भी किये किन्तु वे ऐसे प्रयास नहीं थे जो ठोस रूप में उभर सके हों। फिर भी अस्थायी तौर पर जहाँ-तहाँ बिखरे रंगमंच के रूप में उन्होंने कला को जीवित रखा। हिन्दी नाट्य प्रेमी साहित्यकार भी अपने आदर्शों पर आरूढ़ नहीं रह सके। वे जनता को प्रसन्न करने में लग गए। अनेक नाट्य सभाएँ पारसी नाटकों के अनुकरण पर ही चलने लगी थीं।

वह एक क्रांति का युग था। उस युग में जनता का धार्मिक, सामाजिक, राजनैतिक आदि का सभी रूप डांवाडोल था। हिन्दी नाटककार को नवयुग की स्थापना में इन रंगमंचीय नाटकों में दोष दिखाई देते हैं। वह युग प्रयोग का युग था। इसलिए उसमें सौंदर्य का अभाव महसूस होता है। कोई भी शिशु चित्रकार आरंभ में ही अपनी प्रतिभा से दोष मुक्त कलाकृति प्रस्तुत नहीं कर सकता। इसी तरह यह युग भी एक 'शिशु युग' था जिसमें साहित्य के हर क्षेत्र में नित्य नये-नये प्रयोग हो रहे थे।

समस्या नाटक एवं उसका चिंतन

किसी भी देश के साहित्य में नव प्राणों का संचार कर उसे सतत् गतिवान बनाए रखने के लिए उस देश की सामाजिक प्रगति और साहित्य पर परस्पर एक दूसरे से संबंधित होना उतना ही आवश्यक है जितना मानव के शरीर को सुगठित बनाने के लिए प्राणवायु और शुद्ध रक्त का संचार। किसी भी देश की सामाजिक उथल-पुथल के पश्चात् साहित्य में जो भी परिवर्तन दिखाई पड़ते हैं उनका संबंध उस राष्ट्र की क्रांति से सीधा लगाया जा सकता है। संसार में होने वाली क्रांतियों के बंधनों से साहित्यकार का छुटकारा संभव नहीं। कभी डार्विन के विकासवाद की परिधि तो कभी फ्रायड के मनोविश्लेषणवाद की परिधि, कभी वैज्ञानिक अनुसंधानों से जकड़ी मानव की दृष्टि, तो कभी संसार में चल रही औद्योगिक क्रांति की परिधि। समाज के इन बंधनों ने साहित्यकार को भी प्रभावित किया। रूसो की प्रसिद्ध पुस्तक 'सोशल कन्ट्रेक्ट' (Social Contract) में भी उसने यही अभिव्यक्ति दी है। मनुष्य जन्म से स्वतंत्र है किन्तु सब जगह जंजीरों से जकड़ा है। धर्म, क्रांति और दंड इन जंजीरों को हमेशा मानव ने अनुभव किया है। फ्रांसीसी राज्य क्रांति के पीछे मानव की यही स्वातंत्र्य की भावना रही। यूरोपीय साहित्य में मूलतः इसी स्वच्छंदभाव की अभिव्यक्ति की प्रबल आकांक्षा है। साहित्य में सामान्य जीवन, सामान्य विषय और सामान्य चरित्रों को ही उभारा गया।

सामाजिक जीवन से जितना ही मसाला मिलता गया, साहित्य की धरती उतनी ही उपजाऊ होती गई। जब समाज ने साज-सामान जुटा दिया, भौतिकता की आग सुलगा दी वैज्ञानिक वस्तु परीक्षण विधि बतला दी, तो कलाकारों, आविष्कारों और अनुसन्धायकों ने साहित्य की प्रयोगशाला में नानाविध रसायन तैयार करना आरंभ कर दिया और साहित्य की प्रयोगशाला में निष्पन्न उन्हीं रसायनों का एक नाम है—'समस्या नाटक'

समस्या नाटक की विषय-वस्तु और शिल्प एवं अभिव्यंजना का नवीन यथार्थवाद के साथ घनिष्ठ संबंध है। समस्या नाटक के अभिधार्थ से ध्वनि निकलती है कि समस्या नाटक एक ऐसा नाटक है जिसमें किसी भी समस्या का निरूपण किया जाए। परंतु इस दृष्टि से विचार करने पर तो प्रायः सभी नाटकों को समस्या नाटक कहा जा सकता है। कालिदास का 'अभिज्ञान शाकुंतलम' भी एक समस्या नाटक कहा जाएगा क्योंकि उसमें गान्धर्व विवाह की समस्या का आख्यान है। यही मान्यता मिश्र जी की भी है।

उक्त कथन से यह स्पष्ट है कि समस्या नाटक आधुनिक परिप्रेक्ष्य में विशेष सन्दर्भों में प्रचलित है। ''समस्या नाटक'' शब्द से ही यह आभास होता है कि कुछ ऐसे विशिष्ट नाटक जिनमें समस्याओं की प्रधानता हो या जिनके आधार कुछ समस्याएँ हों ऐसे नाटकों को समस्या नाटक कह सकते हैं। ''जब किसी एक प्रश्न पर दो या अनेक ऐसे महत्वपूर्ण उपयुक्त उत्तर प्रस्तुत किए जाएँ कि उन समतोल उत्तरों के औचित्य अनौचित्य पर विचार कर कोई निर्णायक मत स्थिर करने में विचारकों की बुद्धि अन्तर्द्वन्द्व ग्रस्त हो जाए तो बुद्धि की इसी अनिर्णयात्मक स्थिति को 'समस्या' कहते हैं।''

समस्या नाटक के विषय में एलबर्ट ग्यारार्ड का कथन है कि ''समस्या नाटक वह नाटक है जिसमें यथार्थवादी नाट्य शिल्प के द्वारा समसामयिक जीवन के प्रश्नों को प्रस्तुत किया जाता है।''

प्रस्तुत परिभाषा के अनुसार विषय-वस्तु की समसामयिकता और रंगमंच की यथार्थवादी शैली इन दोनों तत्वों का सहभाव ही समस्या नाटक की मूलभूत विशेषता है। समस्या नाटक में वर्णित समसामयिकता से तात्पर्य सर्वसामान्य जनजीवन में लक्षित प्रश्नों का बौद्धिक ईमानदारी के साथ उद्घाटन है। इस तरह इन नाटकों में आभिजात्य कला का आदर्शवादी स्वरूप नहीं होता। यथातथ्य जीवन की बौद्धिक व्याख्या ही इन नाटकों का आधार है।

लक्ष्मीनारायण मिश्र का कथन भी इस प्रसंग के लिए समीचीन होगा। संन्यासी की भूमिका में वे कहते हैं ''मैंने जो कुछ भी अनुभव किया है, देखा है, उसे इस नाटक के रूप में तुम्हारे सामने रख देता हूँ, यथार्थ ज्यों का त्यों ईमानदारी के साथ.......वर्तमान युग की जो विषमताएँ हैं उनका समावेश ऐतिहासिक पात्रों में नहीं हो सकता। वर्तमान के द्वन्द्व को चित्रित करने के लिए हमें हारकर सामाजिक पात्रों की कल्पना करनी ही पड़ेगी।'' पाश्चात्य नाट्य शास्त्र में 'समस्या नाटक' का व्यापक रूप में प्रयोग बर्नार्ड शॉ ने अपने तथा इब्सन के नाटकों के लिए किया था। इस तरह के नाटकों की अभिव्यंजना शैली और उसके अभिव्यंग्य

में परंपरा से चली आती हुई नाट्य प्रणाली में अन्तर था। इस नूतन परिवेश में पली नाट्य विधा के नाम में अपनी संपूर्ण विशेषताओं को समेटने का सामर्थ्य न होने के कारण यह नया नाम 'प्राबलम प्ले' पश्चिमी आलोचकों में रूढ़ न हो सका। हिन्दी साहित्य में जब इस नई नाट्य धारा का उन्मेष हुआ तो बर्नार्ड शॉ द्वारा व्यापक रूप में प्रयोजित 'समस्या नाटक' शब्द ही चल निकला।

यदि हम इस नई प्रणाली की नाट्य धारा की समस्त विशेषताओं का अवलोकन करें तो पाएँगे कि केवल ''समस्या नाटक'' शब्द में ये विशेषताएँ समावेशित नहीं हो सकतीं। फिर भी यह नाम हिन्दी साहित्य जगत में बहुत ही अधिक रूढ़ हो गया है। इसलिए इसी नाम का प्रयोग किया जा सकता है।

समस्या नाटक यथार्थवादी नाट्य साहित्य की एक विशिष्ट शैली है। नये यथार्थवादी रंगमंच के अनुरूप नाट्य शिल्प विन्यास द्वारा सामाजिक समस्याओं का यथातथ्य मूलक रूपान्तरण सामान्यतः समस्या नाटककार का नाट्य कर्म माना जाता है।

किंतु हम देखते हैं कि किसी भी नाटक विशेष में केवल विषय-वस्तु गत समसामयिकता के अन्तर्भूत हो जाने मात्र से उसे समस्या नाटक की संज्ञा नहीं दी जा सकती। यथार्थवाद का अन्तर्भाव तो हम संस्कृत नाटकों, भारतेन्दुकालीन हिन्दी के प्रहसनों आदि में देखते आ रहे हैं किंतु उन सभी यथार्थ से अन्तर्भूत नाटकों को हम 'समस्या नाटक' नाम नहीं दे सकते।

समस्या नाटक की रचना प्रणाली बौद्धिक धरातल को ग्रहण किए है। समाज में उभरी किसी एक समस्या के संदर्भ में प्रेक्षक के विचारों को झकझोर देना ही समस्या नाटक का चरम लक्ष्य है। ऐसे नाटकों में वर्णित समस्या में व्यक्ति अथवा समाज में प्रचलित मूल्यों की उपयोगिता अथवा अनुपयोगिता की बौद्धिक परख की जाती है।

'समस्या नाटक की अवतारणा के मूल में युग की नवीन यथार्थवादी प्रवृत्ति का संघात अनिवार्य है। अतएव विषय, चिन्तन, शिल्प एवं अभिव्यंजनागत उद्भावनाओं, नैतिक साहित्यिक उपलब्धियों एवं इष्ट प्रभाव की दृष्टियों से उनके क्रमिक प्रभावों की मीमांसा विहित है।

सामाजिक संपर्क, सभ्यता के विकास, पश्चिमीय राष्ट्रों के राजनीतिक प्रमुख और व्यक्तिगत जीवन में अनेक उलझनें निर्माण होने के कारण समस्त विश्व मानव के सामने अनेकानेक उलझनें उपस्थित होती चली आ रही हैं। आज जिस रूप में ये समस्याएँ आ रही हैं उसी रूप में वे विश्व के सभी साहित्यकारों को भी प्रभावित कर रही हैं। बीसवीं शताब्दी, के आरंभिक दशकों से ही भारतीय

समाज में नई सांस्कृतिक चेतना का प्रसार हुआ जिसके फलस्वरूप परम्परा से चले आते हुए साहित्यिक मानदंड निष्प्रभ से लगने लगे। उनके स्थान पर नूतन सामाजिक मान्यताओं की स्थापना की आवश्यकता अनुभूत हुई। इन परिवर्तित मान-मूल्यों ने समाज को झकझोरा और परम्परा प्रचलित मानदंडों और नूतन मानदंडों के द्वन्द्व से कई जटिलताएँ उद्‌भूत हुईं। उनका स्वरूप हिन्दी साहित्य में नाटकों के माध्यम से सर्वाधिक स्पष्ट हुआ। इन द्वन्द्व मूलक रचनाओं को समस्या नाटकों की संज्ञा दी गई।

"समस्या-नाटक" में नाटककार का उद्देश्य रस व्यंजना न होकर, समस्या का चित्रण मुख्य होता है। सौंदर्य सृष्टि या प्रेक्षक को आनंद प्रदान करना उसकी दृष्टि में गौण होता है। समस्या के तीव्रतम रूप को प्रेषित कर पाठक की विचार शक्ति को उद्‌बुद्ध करना ही नाटककार को अभीष्ट है। वह अपनी समस्या को सफल रूप में प्रस्तुत करने के लिए नाट्य विद्या को साधन रूप में ही ग्रहण करता है।

समस्या से अभिप्राय समाज की सामयिक समस्या से है जो समाज में अधिकांश वर्गों को उद्वेलित करती है। समाज की प्रचलित विचारधारा को एक अन्य दिशा में ले जाना ही नाटककार का प्रमुख ध्येय होता है।

भारत भूषण चढ्ढा ने कहा है " इस नाटक की प्रमुख विशेषता है कि इसमें केवल समस्या का चित्रण मात्र नहीं होता प्रत्युत उसके पक्ष एवं विपक्ष पर तर्कपूर्ण विवेचन भी होता है।"

किंतु हम देखते हैं कि समस्या-नाटककार का उद्देश्य 'जीवन कैसा है' मात्र चित्रित करना होता है। उसे 'कैसा होना चाहिए' इससे उसका कोई संबंध नहीं। वह अपने विचारों के माध्यम से प्रेक्षक की बुद्धि को झकझोर भर देगा। इसके पश्चात् जो प्रेक्षक को उचित लगेगा वह स्वीकार करेगा।

समस्या-नाटक हिन्दी नाट्य साहित्य की अपेक्षाकृत नूतन परंतु महत्वपूर्ण उपलब्धि कही जा सकती है। नाटक की यह विधा पश्चिमी साहित्य जगत में लगभग एक शताब्दी पूर्व आविर्भूत हुई थी। इसके मूल में यदि हम दृष्टि निक्षेप करें तो पाएँगे कि सामाजिक नव-जागरण की चेतना ही प्रगतिवादी विचारधारा से शक्ति ग्रहण कर साहित्य को एक नया स्वर दे रही थी। वास्तव में 18वीं शती का उत्तरार्द्ध यूरोप में नव-जागरण का ही काल था। इस युग में प्राचीन जीवनादर्श मृतप्रायः से हो गए थे। लोग समझने लगे थे कि वर्तमान जीवन के संचालन में पुराने मानदंड अब साथ नहीं दे सकते। बौद्धिक दृष्टिकोण

का विकास हो रहा था जिसने परम्परागत जीवन मूल्यों को एक नई दिशा की प्रेरणा दी। लोगों में सामाजिक रूढ़ियों के प्रति कटुता की भावना तीव्रतम हो रही थी। वे चिरन्तन आदर्श के प्रति अन्ध-श्रद्धा का उपहास करने लगे थे। युग-जीवन के प्रति यही यथार्थवादी एवं बौद्धिक दृष्टिकोण पाश्चात्य समस्या-नाटक का उत्स था।

सन् 1920 के पश्चात् भारत में भी वही क्रांतिपूर्ण विचारधारा जो पाश्चात्य समस्या-नाटक की उत्स थी परिलक्षित होने लगी थी। ब्रह्म समाज, आर्य समाज, थियोसोफिकल सोसाइटी आदि संस्थाएँ अनेक सामाजिक रूढ़ियों और धार्मिक विश्वासों पर पहले ही आघात कर चुकी थीं। राष्ट्रीय स्वतंत्रता आन्दोलन के अन्तर्गत समाज में एक नई लहर का आगमन हुआ जिसकी लपेट में पुरानी मान्यताओं की हिलती हुई अट्टालिकाएँ धराशायी हो बह गईं। रूढ़ियों की गुलामी की जंजीरों से जकड़ा समाज हतप्रभ हो स्वतंत्र होने को आतुर हो उठा। इसके कारण व्यक्ति के विचारों में उत्तेजना और जीवन की गति में तीव्रता का समावेश हुआ। सामाजिक जीवन तर्क प्रधान और अधिक बौद्धिक हो गया। युग-जीवन-संचालन के लिए नवीन आदर्शों के अनुसंधान और जीवन मूल्यों को नई भूमिका के आधार पर अपनाया जाने लगा।

जागरण के पांचजन्य ने अपने भीषण घोष से साहित्यकार को प्रबुद्ध किया। इस उत्साह में परम्परागत असंगत स्थापनाओं के प्रति उपहास और व्यंग्य की प्रवृत्ति तो मुखर हुई, किंतु नवीन आदर्शों के अनुसंधान में रत व्यक्ति को अभी कोई मार्ग नहीं मिल सका जो पुरातन का स्थानापन्न हो सके। युग जीवन की चेतना का यही रूप समस्या नाटकों में अभिव्यक्त हुआ।

यही कारण है कि हिन्दी समस्या नाटकों में युगीन जीवन की विषमताओं तथा असंगत रूढ़ियों का व्यंग्यात्मक चित्रण हुआ है। जीवन की इस विश्लेषणात्मक मनोभूमि में सामाजिक ढांचे के प्रति समाधान के प्रति बौद्धिक आभास की अपेक्षा, उपेक्षा का भाव ही अधिक स्पष्ट होता है। यही कारण है कि समस्या-नाटक विचारों को उद्दीप्त तो कर देता है परंतु वह आनंद प्रदान करने के ध्येय से सदैव भिन्न रहता है। इसे यूँ भी कहा जा सकता है कि समस्या-नाटकों में आनंद तत्व क्षीण होता है। प्रेक्षक को रसमग्नता की संभावना कम ही होती है। समाज को शिवत्व की भूमिका पर ले जाने की भावना से वह प्रेरित तो अवश्य होता है किन्तु उस भूमिका के लिए कोई प्रशस्त मार्ग नहीं दिखाई पड़ता। युगानुरूप यहाँ शिव की पुरातन मान्यता भी बदली सी दिखाई पड़ती है। "यहाँ शिव की भूमिका अधिक व्यावहारिक, भौतिक और समयोपयोगी होती है। सत्य के प्रति

भी दृष्टि वस्तु-सत्य तक सिमिटकर भौतिकवाद में ही सीमित रह जाती है।''

हिन्दी नाटक की यह यथार्थवादी चेतना 'रोमेण्टिक ड्रामा' की प्रबल प्रतिक्रिया कही जा सकती है। जहाँ पाश्चात्य साहित्य में यह प्रतिक्रिया धीरे-धीरे क्रमिक विकास पा सकी वहीं हिन्दी नाटक में यथार्थवादी चेतना अपने सामयिक जीवन के प्रभाव से प्रायः एकदम ही प्रबल हो उठी।

जिस समय हिन्दी समस्या-नाटक का आविर्भाव हो रहा था उस समय साहित्य में प्रगतिवादी विचारधारा और यथार्थवादी शैली का महत्व भी स्थापित हो रहा था। अतः समस्या नाटक पर भी इनका प्रभाव पड़ना अनिवार्य था। इस साहित्यिक आन्दोलन के मूल में सामयिक समाज के प्रति एक विश्वास भावना और उसकी कमजोरियों के प्रति विद्रोह की भावना ही तीव्रतम थी। नाटककारों की दृष्टि भी उस युग की अनेकानेक समस्याओं पर पड़ी। उन्होंने व्यक्ति को तिलमिला देने वाली जीवन की विद्रूपताओं का चित्रण यथातथ्य रूप में प्रस्तुत किया। यह प्रदर्शन निरुद्देश्य नहीं कहा जा सकता क्योंकि सृष्टा इसमें युग जीवन का खोखलापन दिखाकर उसे सक्रिय बनाने की प्रेरणा भी देता है।

नाटककार के समक्ष जीवन को गतिमयता प्रदान करना प्रमुख उद्देश्य होता है उसके समक्ष आंतरिक द्वन्द्व में बौद्धिक चिंतन भी निहित रहता है। इसके पात्र बौद्धिकता के प्रतीक से लगते हैं। नाटक की समस्त घटनाएँ दैनिक जीवन में जन्मे मानसिक द्वन्द्वों का यथार्थ स्वरूप स्पष्ट करती हैं। ये नाटक रूढ़ियों से जकड़े मृतप्रायः जीवन को प्राणवान बनाते हैं।

हिन्दी के नाटक क्षेत्र में समस्या-नाटक की यह प्रवृत्ति आज काफी प्रबल हो चुकी है। आज नाटकीय क्षेत्र में बौद्धिक क्रांति का प्रभाव हम अधिकांश नाटककारों पर देख सकते हैं। लक्ष्मीनारायण मिश्र, सेठ गोविन्ददास, उपेन्द्रनाथ अश्क, पृथ्वीनाथ शर्मा, भुवनेश्वर, उदयशंकर भट्ट आदि ऐसे नाटककार हैं जो आपस में समान धरातल पर दिखाई तो नहीं पड़ते परंतु कुछ विशेषताएँ उनमें स्पष्ट रूप से समान हैं।

इन नाटकों में व्यक्तिगत अथवा सामाजिक समस्याओं का बौद्धिक विश्लेषण होता है। जो भी संघर्ष अथवा द्वन्द्व प्रस्तुत किया जाता है वह बौद्धिक धरातल पर ही विचारों के तर्क-वितर्क प्रस्तुत करता है।

इन नाटकों में प्रमुख रूप से व्यक्ति की समस्या है जो काम के इर्द-गिर्द घूमती है। इसके अतिरिक्त सामाजिक और राजनीतिक समस्या का चित्रण भी मिलता है।

इन नाटकों की शैली मनोविश्लेषण की शैली है। इसीलिए मानसिक द्वन्द्व

की अनुकूलता पाकर कार्य-व्यापार को ढाल लिया जाता है। यही कारण है कि कार्य-व्यापार की स्थिति अपनी सूक्ष्मता ग्रहण किए रहती है। घटनाओं का चयन भी बौद्धिक धरातल को आधार बनाकर किया जाता है। इन नाटकों में घटना-चक्र इस दिशा में ले जाया जाता है कि जिसमें कि नाटककार अनुकूल परिस्थितियों की निर्मिति कर यथार्थ को प्रदर्शित करता रहता है। किसी भी समस्या को प्रस्तुत करना मात्र ही इनका ध्येय होता है। अधिकांश नाटकों का अन्त दुखपूर्ण या अनिश्चय के धरातल पर ही होता है। ये नाटक यथार्थ को ग्रहण किए रहते हैं। क्योंकि वास्तविक जीवन में भी हम कार्य-व्यापारों का परिणाम अनिश्चय में ही तो पाते हैं। इसीलिए सोने के अतीत में शरण न लेकर वे आज के कीचड़ मिट्टी से सने वर्तमान को ही पकड़ते हैं और उसी के जीवित सत्यों का उद्घाटन कर पाठक को उनके सम्मुख आंख मिलाकर खड़े होने को बाध्य करते हैं। शुगर-कोटेड (मधुवेष्ठित) कुनेन की गोली में इन्हें विश्वास नहीं—ये चाहते हैं कि मरीज समझ से काम ले और कुनेन की कड़ुआहट का उसके गुण के कारण स्वागत करे।

इसीलिए नग्न यथार्थ को हम नाटकों में जहाँ-तहाँ देख सकते हैं। पात्रों की सृष्टि भी बौद्धिक समस्याओं को समक्ष रख कर ही करनी पड़ती है। अधिकांश अवतरित पात्र अपनी किसी विशिष्ट विचार-धारा को साथ लिए चलते हैं। इस तरह वे नाटककार की बुद्धि के चलते-फिरते स्वरूप मात्र बनकर मानवीय गुणों से विच्छिन्न हो जाते हैं। इसमें संघर्ष, बौद्धिक धरातल का होता है। इसीलिए पात्रों की रचना शिक्षित वर्ग से ही अधिकांश रूप में होती है। नूतनता और प्राचीनता के द्वन्द्व के लिए नाटककार को दोनों विरोधी पक्षों के चरित्रों की निर्मिति करनी होती है।

समस्या-नाटकों में वार्तालाप की स्थिति भी नाटककार की इच्छानुसार उसकी बौद्धिकता के साथ होती है। विषय-वस्तु की दार्शनिक व्याख्या को समक्ष रखकर ही वह कथोपकथनों की सृष्टि करता है। कथावस्तु अत्यंत सीमित होती है। संवादों के माध्यम से ही अन्य चरित्रों की जानकारी नाटककार कराता है।

इनकी टेकनीक पश्चिमी नाटकों से काफी प्रभावित है। नाट्यशास्त्र की परम्परागत बातें त्याग दी गई हैं। गीत नृत्य को दूर ही रखा है। नाटकों की भूमिका, दृश्य, संयोजन तथा रंग-संकेतों में स्रष्टा सूक्ष्मता का परिचय देता है। रंग-संकेत काफी लम्बे हैं। इस सम्पूर्ण सृष्टि में नाटककार का बौद्धिक स्वरूप ही अधिक उभर कर आता है।

अभी तक आदर्शोन्मुख कल्पना और रोमांस को लेकर ही साहित्य गतिवान

था। परंतु युगीन आवश्यकता में उसके पुनर्गठन की ओर बुद्धि परिचालित हुई। अपनी नई विशेषताओं से सुसज्जित ये नाटक प्रचलित नाटकों से सर्वथा भिन्नता लिए हुए स्पष्ट परिलक्षित होते थे। अब ये नाटक न तो अपने पूर्व नाटकों के समान जीवन के कठोर यथार्थ से दूर रहते थे और न पात्रों के चमत्कारपूर्ण अंश का चित्रण या वैदग्धपूर्ण कथोपकथनों को ओढ़े रहते थे। मानसिक संघर्ष इन नाटकों का प्राण तत्व कहा जा सकता है। यह संघर्ष बुद्धि के सहारे रहता है। ''कभी नाटककार अपने बौद्धिक विषय के प्रतिपादन में पात्रों को जीवनदान देना भूल-सा जाता है। फलस्वरूप वे रक्तहीन, अस्थिहीन सिद्धान्तों की प्रतिमाएँ मात्र बने रह जाते हैं।

इसी तरह नाटककार कभी-कभी सूक्ष्म विवेचना कर नाटक पर छाए बुद्धिवाद की अभिव्यक्ति करता चलता है। इस प्रकार की प्रचारवादिता साहित्य के अनुकूल नहीं कही जा सकती। फिर भी ये सभी बातें सभी नाटकों में नहीं मिलतीं। अधिकांश नाटकों में चरित्र, संघर्ष एवं कार्य-व्यापार का सुंदर निर्वाह किया गया है।

लक्ष्मीनारायण मिश्र का नाट्य चिंतन

संस्कृत में नाटक काव्य के अन्तर्गत लिया गया है। गद्य में कादम्बरी के लेखक बाणभट्ट भी कवि हैं। कविता, नाटक आख्यान के लिखने वाले एक शब्द 'कवि' की अभिधा से जाने जाते थे। अंग्रेजी के अनुकरण पर नाटककार, उपन्यासकार, कलाकार जैसे शब्द अस्तित्व में आए।

मिश्र जी के उपर्युक्त कथन के आधार पर हम यह कह सकते हैं कि मिश्र जी नाटककार को कवि मानते हैं एवं नाटक को 'काव्य'। आप संस्कृत नाटककारों से बहुत अधिक प्रभावित रहे हैं। उपनिषदों और संस्कृत नाटकों की भारतीय संस्कृति को आपने अपने नाटकों में ग्रहण किया है। आपने अपने नाटकों के माध्यम से लोक-धर्म को ही प्रश्रय दिया है।

हमारे तत्व-दर्शन में वैदिक युग से लेकर अंग्रेजी शिक्षा के आरंभ तक पूरे संस्कृत साहित्य में प्राकृत, पाली, अपभ्रंश और देश भर की आधुनिक भाषाओं में लोकगीत और गाथाओं में लोक जीवन से पृथक् भक्ति-जीवन की कल्पना नहीं है। व्यक्ति-मन बराबर लोक-कामना में रंगा है।

यही कारण है कि पाश्चात्य साहित्य से प्रभावित हुए भारतीय साहित्यकारों का वे विरोध करते हैं। व्यक्तिवाद के उन्माद में अपने लेखक लोक-कल्याण, और सृष्टि-धर्म भूल बैठे।

मिश्र जी कवि को विधाता की संज्ञा देते हैं। सामाजिक मूल्यों का उचित मापन यह कलाकार (विधाता) ही कर सकता है। यह कार्य बिना बुद्धि के संभव नहीं। इसी कारण नाट्य-साहित्य के इतिहास में सर्वप्रथम 'बुद्धिवाद का नारा' देने का श्रेय मिश्र जी को ही है। 'मुक्ति का रहस्य' में आपने लिखा है ''बुद्धिवाद किसी तरह का हो, किसी कोटि का हो, समाज या साहित्य को हानि नहीं कर सकता, क्योंकि बुद्धिवाद में 'शुगर कोटेड कुनैन' की व्यवस्था है ही नहीं, वह

तो तीक्ष्ण शस्त्र है। उसका घाव गहरा होता है, लेकिन अंग-भंग करने के लिए नहीं, बल्कि मवाद निकालने के लिए, हमारी प्रसुप्त चेतना को जगाकर हमारे भीतर नवीन जीवन और नवीन स्फूर्ति पैदा करने के लिए...''

इस तरह नाटक-साहित्य में सर्वप्रथम बौद्धिक धरातल पर आपने लोक-धर्म को प्रस्तुत किया। साहित्य का मुख्य उद्देश्य मिश्र जी अर्थ, धर्म और काम के उपभोग में मानते हैं। इस तरह शास्त्र के रूप में अर्थशास्त्र, धर्मशास्त्र और कामशास्त्र को ही वे महत्व देते हैं। इन्हीं शास्त्रों के आधार पर आपने समस्त नाट्य-साहित्य की रचना की है। हिन्दी साहित्य में आगत सभी नये-नये वादों को वे अंग्रेजी का अनुवाद मात्र समझते हैं। इन पाश्चात्य भाषा के कांटे-छांटे शब्दों को वे प्राणहीन मानते हैं। इन्हीं वादों के चक्कर में ही हमारी परंपरा, हमारे मूल्य और भाव बोधों की क्षति हुई है।

उनका कहना है कि ''मैं किसी वाद के कटघरे में रहना पसंद नहीं करता। यदि बांधना ही है तो मुझे 'जीवन धर्मवाद' से बांधा जा सकता है।''

यही विशेषता वे कालिदास में मानते हैं और स्वयं भी अपने साहित्य सृजन के लिए इसी वाद से प्रेरित हैं। उनसे मिलने पर आपने कहा कि ''जहाँ हमारे उपनिषद् पहुँचे चुके हैं वहाँ 'फ्रायड' और 'युंग' नहीं पहुँच सकते। यदि आज का मनोविज्ञान फ्रायड को आधार बनाकर स्वप्न का विश्लेषण कर रहा है तो वह विश्लेषण ईसा से 700 वर्षों पूर्व ही हमारे उपनिषदों में वर्णित है।''

यही कारण है कि अपने समस्या-नाटकों में वर्णित 'सेक्स की समस्या' को वे इब्सन और शॉ से प्रभावित नहीं मानते। 'जीव-धर्म वाद' को लेकर ही उनकी सम्पूर्ण समस्याएँ उनके नाटकों में वर्णित हैं। 'अभिज्ञान शाकुन्तलम' को मिश्र जी संसार का सबसे सुंदर समस्या-नाटक कहते हैं। उनका कथन है कि भले ही हमारे अठारह उपरूपकों में 'समस्या-नाटक' जैसा नामकरण न मिलता हो परन्तु समस्या का चित्रण तो मिलता ही है। 'अभिज्ञान शाकुन्तलम' में दुष्यंत ने आश्रम की मर्यादा को ध्यान में रख रथ पीछे छोड़ पैदल चलना प्रारंभ कर दिया था वहीं राजा आश्रम में पली कन्या से रति-कर्म कर बैठता है। यहाँ स्रष्टा ने आश्रमवाद पर जीववाद की स्थापना की है। दुष्यंत को, कालिदास एक स्वाभाविक जीवित प्राणी प्रस्तुत करना चाहते थे इसलिए उन्होंने उसे एक अत्यंत सुंदरी कन्या के प्रति आकर्षित कराया है। इसके साथ ही उन्होंने 'मृच्छकटिक' का भी उल्लेख किया था। उसमें भी वसन्तसेना के प्रति चारुदत्त का आकर्षण ऐसा ही है। इसी 'जीव-धर्म' को आधार बनाकर मिश्र जी ने 'सिन्दूर की होली' और 'राजयोग' नाटकों की सृष्टि की है।

कालिदास एवं संस्कृत के अन्य नाटककारों से मिश्र जी अत्यंत प्रभावित हैं। जो आलोचक मिश्र जी पर इब्सन और शॉ से प्रभावित होने का आरोप लगाते हैं उनके संबंध में उनके स्पष्ट विचार हैं–

"तुमने संदेह किया है कि कदाचित् मैंने अपने नाटक में बर्नार्ड शॉ का अनुकरण करने का प्रयत्न किया है। इसका कारण यही है कि इसमें मैंने सामाजिक और राजनैतिक समस्याओं पर प्रकाश डाला है और यही काम किया है बर्नार्ड शॉ ने। मैं तुमसे स्पष्ट कर देना चाहता हूँ कि बर्नार्ड शॉ का अनुकरण भारत में संभव नहीं। बर्नार्ड शॉ की सूखी विवेक और तर्क की प्रणाली आध्यात्मिक अनुभूति के समझने में सफल नहीं हो सकती।" मिश्र जी के इस कथन से उनके विचार स्पष्ट हो जाते हैं।

उक्त कथन में उन्होंने पाश्चात्य साहित्यकारों की आलोचना कर अपनी भारतीयता को स्वीकारा है। किसी भी साहित्यकार का पूर्ववर्ती साहित्यकार से प्रभाव ग्रहण करना अस्वाभाविक नहीं है। इस प्रभाव को अपनी बौद्धिकता से मौलिक स्वरूप में प्रस्तुत कर देना ही वैशिष्ट्य है।

नाटकों की शैली और शिल्प के संबंध में अवश्य उन्होंने स्वीकृति दीं है।

"अधिक से अधिक रंगमंच व्यवस्था, अंक निर्देश आदि बाह्य रूपरेखा में अपनी शास्त्रीय प्रक्रिया का त्याग करने से आलोचक यह सोच सकते हैं कि मुझ पर इब्सन और शॉ का प्रभाव है।

जातीय काव्य की रचना तभी संभव हो सकती है जब कि वह रचना जातीय आस्था और विश्वास को लेकर चलेगी। यह जातीय विश्वास एवं आस्था मिश्र जी में उपलब्ध है।

मिश्र जी व्यक्तिवादिता के विरोधी रहे हैं। इसका पहले ही मैंने उल्लेख किया है। इसलिए इनके प्रारंभिक एकाध नाटक को छोड़कर कोई भी ऐसा नाटक नहीं लिखा गया जो व्यक्ति विशेष के नाम पर हो। इस संबंध में प्रसाद की ये कटु आलोचना करते हैं। प्रसाद ने अपने अधिकांश नाटकों के नामकरण व्यक्ति विशेष के नाम पर किए जो 'सीधी शेक्सपीयर की नकल है' ऐसा मिश्र जी कहते हैं। यही कारण है कि आरंभिक 'सेनापति कर्ण' नाम से लिखे जा रहे महाकाव्य का नामकरण आपने 'कालजयी' कर दिया है। आलोचक, प्रसाद को सांस्कृतिक नाटककार कहते हैं। परन्तु मिश्र जी ने उन्हें कभी सांस्कृतिक नाटककार नहीं माना। उनके मतानुसार गुप्तकाल की स्वर्णमयता पर प्रसाद ने कालिख पोत दी है। मैंने सांस्कृतिक नाटकों की रचना, प्रसाद के भोंडे नाटकों की प्रतिक्रिया में की। प्रसाद ने नाटक के नाम पर गद्य-काव्य की रचना की है। जिसमें न ही

कर्म की संसृति है और न ही भारतीय संस्कृति। प्रसाद ने जो बिगाड़ा उसी को संवारने का मैंने संकल्प किया है। ऐतिहासिक कथा तो ले ली जाती है परंतु उस युग की सामाजिक स्थिति, लोगों की आस्था, विश्वास आदि का ज्ञान नाटककार नहीं रखता। परम भट्टारक और महाबलाधिकृत जैसे पात्र छुरा मारकर आत्मघात कर लेते हैं।

अल्पप्राण किशोरियाँ जैसे कौतुक लीला में महावीरों का वध कर शब्दों में अपना प्रेम अपने प्रेमी के मुख में झोंक कर स्वयं भी छुरे से आत्मघात कर लेती हैं।

इस तरह उनके इन विचारों से यह तो अवश्य ज्ञात हो जाता है कि प्रसाद की प्रतिक्रिया में ही उनके सांस्कृतिक, ऐतिहासिक नाटकों की रचना हुई।

मानव जीवन में किसी परिस्थिति विशेष में अनेक अनुभूतियाँ प्राप्त होती हैं। वहीं अनुभूतियाँ व्यक्तित्व से परे होकर भाव बन जाती हैं। इसी अनुभूति विशेष की अभिव्यक्ति का माध्यम जहाँ शब्द, वाणी या भाषा है, चाहे वह गद्य में हो या पद्य में कवि कर्म है। परंतु जहाँ उसका माध्यम रंग और रेखाएँ हैं वहीं वह चित्र है। अभिव्यक्ति के माध्यम विशेष पर ही कला विशेष का नामकरण होता है।

इन सब में कवि को मिश्र जी ने विधाता कहा है। 'मृत्युंजय' नाटक में गांधीजी के माध्यम से आपके कवि के संबंध में विचार प्रकट हुए हैं।

''इस देश में कवि से बड़ा कोई नहीं था। धर्म और दर्शन बराबर इस देश में कवि के पीछे चले हैं।''

इसी तरह कला के संबंध में 'संन्यासी' की भूमिका में आपके विचार प्रकट हुए हैं।

''कला का निर्माण कला'' इसके लिए मैं कदाचित् एक पंक्ति भी नहीं लिख सकूँगा। ......यह युग कलाकार का नहीं, तत्वदर्शी कलाकार का है। .....एक शब्द में सत्य, जीवन और समाज के सत्य की अभिव्यक्ति करना कलाकार का धर्म है।

कवि को मिट्टी की भूमि से ही प्यार और आस्था है उसे स्वर्ग से कोई मतलब नहीं है। देश और काल की परिस्थितियों के अनुसार ही साहित्य की रचना होती है। इसका प्रमाण मिश्र जी का सम्पूर्ण साहित्य है। जातीय भावना और कर्म-सिद्धान्त इन दो आधारों को लेकर ही आपने सम्पूर्ण साहित्य की रचना की है। इनके कथनानुसार आज का साहित्यकार अनास्थावादी है इसीलिए उसमें इस विचार को नहीं पाया जा सकता। वे अपने को पूर्ण आस्थावादी कहते हैं। यही

कारण है कि उनके सम्पूर्ण नाटकों में ये विचार कहीं न कहीं और किसी न किसी रूप में आए ही हैं।

मिश्र जी ने अपने जीवन में 'काम' को बहुत अधिक महत्व दिया है। काम ही जीवन की आदि शक्ति है। वही सृष्टि को परिचालित करता है।

हम 'क्रॉस' की छाया में नहीं। हम 'रास' की छाया में जीते हैं। 'रास' में परम तृप्ति है। 'क्रॉस' के साथ निराशा, अभिशाप एवं मृत्यु है। मानव रास से ही मोक्ष पाकर स्वतंत्र हो सकता है।

मृत्यु के समीप रहने वाले मनुष्य को श्रीमद्‌भागवत सुनाया जाता है जिससे मोक्ष प्राप्त हो सके। सम्पूर्ण भागवत सुनाना कठिन होता है इसलिए दशम् स्कंध में रासपंचाध्यायी के पाँच श्लोक ही पर्याप्त माने गए हैं। ये श्लोक कृष्ण की रासलीला से संबंधित हैं।

जीवन के प्रवाह को मिश्र जी ब्रह्म उद्‌भूत मानते हैं। वह किसी गगन गुहा से नहीं निकला वह ब्रह्ममय है। जीवन का एक ही अर्थ है—धर्म, अर्थ, काम और मोक्ष इनमें से जीवन के लिए प्रथम तीन सोपान ही प्रमुख हैं। जीवन में इन तीनों सोपानों को यदि हम पार कर लेते हैं तब ही हमें मोक्ष की ओर ध्यान देना चाहिए।

हिन्दी के रंगमंच की कमी को मिश्र जी ने अनुभव अवश्य किया है परंतु प्रत्येक नाटक को रंगमंच पर ही प्रस्तुत किया जाए वे यह अनिवार्य नहीं मानते।

संस्कृत के नाटक जो अभी तक जीवित हैं उसका कारण एकमात्र यही है कि प्रत्येक नाटककार और पाठक के मन में एक-एक रंगमंच होता है। इस तरह प्रत्येक व्यक्ति स्रष्टा की रचना को अपने हृदय के रंगमंच पर देख सकता है।

नाटक का अभिनय हो जाए यह अलग बात है परंतु प्रत्येक नाटक को अभिनेयता की दृष्टि से लिखा जाए यह आवश्यक नहीं है। इसके आगे वे कहते हैं कि जो नाटक केवल रंगमंच की दृष्टि से ही लिखे गये वे कुछ वर्षों के पश्चात् ही समय के प्रखर वेग में जाने कहाँ खो गए। परन्तु जो नाटक, कवित्वपूर्ण सहित्यिक दृष्टि से रचे गए वे अमर हो गये।

नाटक की भाषा-शैली के संबंध में आपका कहना है कि भाषा टकसाली हो जिसे हम बोलचाल में प्रयोग करते हों। अलंकृत भाषा ठीक नहीं। सिनेमा और रेडियो के अत्यधिक प्रचलन से नाटक के भविष्य को वे उज्ज्वल नहीं मानते।

सामाजिक नाटकों की प्रेरणा और उनके संबंध में आपका विचार देखिए—
"समस्या नाटकों की रचना विवशता की देन है उसी तरह जैसे प्रेम। दुनिया का रूप बदलने के लिए रचना नहीं होती बल्कि सामाजिक जीवन जिन कठिनाइयों

और खड्डों से पार हो रहा है, उन्हीं में से एक या दो का रूप साहित्यकार खड़ा कर देता है। समस्या उठाना ही उसका काम है। समाधान प्रस्तुत करना नहीं। जो अभाव या जो परेशानी उसके भीतर होती है उसका चित्र भी वह खींचता है। पर अपने से स्वतंत्र होकर। मेरे नाटकों में भी यही दृष्टिकोण प्रमुख है।''

ऐतिहासिक एवं सांस्कृतिक नाटकों के संबंध में आपने ''वैशाली में वसंत'' की भूमिका से ही स्पष्ट कर दिया है कि प्रसाद की प्रतिक्रिया से ही मैंने ऐतिहासिक नाटकों की रचना की है। उनकी सभी कृतियों की प्रेरणा के आधार तो स्वयं मिश्र जी नहीं कह सकते। क्योंकि कलाकार युग की मांग के अनुरूप अपने को ढालता हैं फिर भी कुछ रचनाओं की प्रेरणा का आधार उन्होंने स्वयं मुझे बताया था।

'सेनापति कर्ण' जिसका नाम अब परिवर्तित कर 'कालजयी' कर दिया गया है। इस महाकाव्य को लिखने की प्रेरणा आपको अपने अनुज गिरिजाशंकर मिश्र से प्राप्त हुई। आपके ही आग्रह पर मिश्र जी ने उक्त महाकाव्य लिखना प्रारंभ किया था। प्रारंभ में 100 पंक्तियों के लिखे स्तवन को आपके भ्राता गाकर सुनाया करते थे। यह महाकाव्य सन् 1934 ई. में लिखना प्रारंभ ही किया था कि 20 अगस्त 1935 ई. को शत्रुओं ने आपके भाई की हत्या कर दी। 1 वर्ष बाद ही धर्म पत्नी दिवंगत हो गई। मिश्र जी इन घटनाओं से साहित्य क्षेत्र से विरक्त से हो गए थे। 12 वर्षों के अन्तराल के पश्चात् पं. राहुल सांकृत्यायन जी के विशेष आग्रह पर पुनः यह महाकाव्य प्रारंभ कर दिया था और लगभग सांढ़े आठ सर्गों तक लिखा जा चुका था। परन्तु गांधी जी की हत्या से जैसे उनकी वाणी फिर कुंठित हो गई। फिर उसके बाद से आज तक एक पंक्ति नहीं जोड़ी गई।

रायकृष्णदास के आग्रह पर 'राजयोग' की रचना की थी जिसके तीनों अंकों को मात्र तीन दिनों में समाप्त कर दिया था।

''सिन्दूर की होली' की रचना के सन्दर्भ में आपका कथन है कि—

''मेरे ही जिले के एक गांधीवादी नेता बलदेव चौबे से विधवा-विवाह की समस्या को लेकर एक लम्बा-चौड़ा शास्त्रार्थ सा हो गया था। बलदेव चौबे पक्के आर्यसमाजी थे और विधवा-विवाह के प्रबल पोषक। मैं आस्थावान सनातनी। उसी क्षण मैंने इस समस्या को आधार बनाकर एक नाटक लिखने की प्रतिज्ञा कर डाली।''

इस तरह उस प्रतिज्ञा के दो वर्ष के भीतर ही आपने उक्त नाटक लिख डाला। कुछ नाटकों की रचना का कारण प्रकाशक रहे हैं। जब नाटक लिखने के लिए उन्होंने 'चेक' से मिश्र जी को अग्रिम राशियाँ भेज ही दीं तो उन्हें विवश होकर

नाटक लिखना ही पड़ा। 1950 में भारतेन्दु हरिश्चन्द्र की शती पर साहित्य सम्मेलन प्रयाग के आग्रह पर आपने 'भारतेन्दु हरिश्चन्द्र' की रचना की।

इसके अतिरिक्त अधिकांश एकांकी आकाशवाणी के आग्रह पर समय-समय पर लिखे गए।

लक्ष्मीनारायण मिश्र के समस्या-नाटकों की धारा

कला का अंत स्वप्न की फुलवारी में नहीं होता उसका अंत तो होता है जीवन समुद्र के उस किनारे, जहाँ आंधी है और वज्र है, बिजली और उल्कापात है— जहाँ मानव जीवन की विषमताएँ एक के बाद दूसरी भयंकर लहरों के रूप में उठती हैं और मिट जाती हैं।

कल्पना और भावुकता के विरोध में अपना बुद्धिवादी दृष्टिकोण प्रस्तुत कर हिन्दी नाट्य संसार में पं. लक्ष्मीनारायण मिश्र समस्या-नाटक के जनक माने जाते हैं। वर्तमान युग की जटिल और उलझनपूर्ण समस्याओं को मिश्र जी ने अपने नाटकों में उचित स्थान दिया है। भारतीय समाज में नई शिक्षा-प्रणाली तथा अभिनव सामाजिक चेतना ने जीवन की मान्यताओं को परिवर्तित किया, उसका प्रभाव समाज के विभिन्न स्तरों पर पड़ा। फलस्वरूप नई एवं पुरानी मान्यताओं के औचित्य, अनौचित्य को लेकर विचारों में घात-प्रतिघात आरंभ हुआ। लक्ष्मीनारायण मिश्र के नाटक सफलतापूर्वक इसका प्रतिनिधित्व करते हैं।

मिश्र जी के सभी समस्या-नाटकों में वर्तमान नारी की समस्याएँ अधिक मुखरित हुई हैं। एक लंबे अरसे से नारी पौरुष की बज्र-शृंखला में जकड़ी, असहाय और प्रताड़ित होती रही है। मिश्र जी ने अपने समस्था-नाटकों में आधुनिक युग की बुद्धिवादी नारी के स्वरूप को उभारने का प्रयत्न किया है मिश्र जी ने व्यक्ति की और समाज की समस्या को उभारने का प्रयत्न किया है जिसमें आपको काफी सफलता भी मिली है। मिश्र जी के समस्या-नाटकों म 'संन्यासी' (1931), 'राक्षस का मंदिर' (1931), 'मुक्ति का रहस्य' (1932), 'राजयोग' (1934), 'सिन्दूर की होली' (1934) और 'आधीरात' (1937) मुख्य हैं। इसके अतिरिक्त आपके एकांकियों में भी आपने व्यक्ति और समाज की समस्याओं का चित्रण

किया है।

यथार्थवादी रचनाओं की प्रथम कड़ी में मिश्र जी का समस्या-नाटक 'संन्यासी' है। इस नाटक की मूल समस्या चिरन्तन नारीत्व की है। मूल समस्या से उद्‌भावक कारणों का विवेचन करते हुए अनमेल विवाह एवं सहशिक्षा की समस्या का भी प्रासंगिक रूप से विवेचन हुआ है। इस समस्या-नाटक में सामाजिक समस्या के साथ ही राजनैतिक समस्या का भी समावेश किया है। सामाजिक समस्या स्पष्ट होती है, दीनानाथ और किरणमयी के जीवन के वैषम्य को लेकर। सत्रह वर्षीय किरणमयी का पित्र तुल्य दीनानाथ से विवाहित होना ही जीवन में वैषम्य की निर्मिति है। उसकी आकांक्षा की तृप्ति एक गरीब मजदूर के साथ रहने में अधिक सुख का अनुभव करती है। "अगर मजदूर बुढ्ढा नहीं होता तो वह बिना किसी शान के सुखी रहती, जहाँ कुछ नहीं वहाँ ज्ञान भी तो रहे, जीने के लिए कुछ कारण होना चाहिए। दूसरी प्रेम संबंधित समस्या मालती के चारों ओर घूमती है। एक ओर तो विश्वकांत से स्वाभाविक प्रेम है दूसरी ओर उसके प्रति प्रो. रमाशंकर भी आकृष्ट है। विश्वकांत के प्रति उसका प्रेम शुद्ध और निर्मल है। परन्तु इसके बाद उसमें अकस्मात् सांसारिक यथार्थ का बोध और बौद्धिकता जाग उठती है। प्रेमपूर्ण भावुकता और रोमांस से वह घृणा करने लगती है। मालती में बुद्धिवाद समन्वित प्रेम तथा किरणमयी में विषम तथा असफल प्रेम की चर्चा है। किरणमयी के विषम प्रेम में नाटककार ने भारतीय वृद्ध-विवाह की समस्या पर व्यंग्य किया है। समस्या का सुंदर रूप हमें मालती और किरणमयी के मानसिक द्वन्द्व में मिलता है।

चिरन्तन नारीत्व की समस्या के अतिरिक्त शैक्षिक, राजनीतिक समस्याएँ भी हैं। राजनीतिक समस्या, नाटककार ने 'ऐशियाई-संघ' को लेकर खड़ी की है। साहित्य में राजनीतिक समस्याओं का समावेश कहाँ तक उचित है, इस पर स्वयं मिश्र जी का कथन दृष्टव्य है—

"इस युग में साहित्य राजनीति से अलग नहीं किया जा सकता। राजनीति को जितनी जगह हमारे जीवन में मिली है उतनी जगह उसे साहित्य में भी मिलेगी।

आधुनिक शिक्षा विद्यार्थी में संस्कार नहीं जमा पाती। इसके प्रतिफल हैं रमाशंकर और दीनानाथ। शिक्षा के संदर्भ में मिश्र जी कहते हैं—"इस शिक्षा में जो सबसे बड़ी बुराई है और वह अब आई है और वह लड़के-लड़कियों का साथ पढ़ना। यह स्थिति पश्चिम से आई है किंतु अपने साथ वह सहिष्णुता नहीं ला सकी जो पश्चिम में इसका मूल तत्व है।

यदि समाज एवं नीति के नियामक सहशिक्षा के प्रचार से अपने व्यापक एवं

उदार दृष्टिकोण की घोषणा करते हैं तो इनके लिए यह भी अनिवार्य है कि अपने नैतिक बन्धनों को शिथिल करें। वैचारिक संकीर्णता दूर कर उसके प्रसार के लिए व्यापक सामाजिक भूमि दें।

समस्या-नाटक के रचना-विधान की दृष्टि से यदि इसका परीक्षण करें तो इसे बहुत अधिक सफल नहीं पाते। सर्वप्रथम रचना होने के कारण इस नाटक में वे सभी गुण-दोष लक्षित हैं जो किसी भी नूतन प्रयोग की प्रथम अवस्था में प्रकट होते हैं। सम्पूर्ण नाटक को बुद्धिवाद से आच्छादित करने का प्रयास नाटककार ने किया है। नाटककार ने अपने पात्रों को बुद्धि से ओत-प्रोत ही प्रदर्शित किया है। मालती को इस नाटक में पूर्ण बौद्धिक स्वरूप में देख सकते हैं। प्रो. रमाशंकर के साथ मालती अपना विवाह बुद्धिवाद की तराजू पर ही करती है। उसे केवल एक पुरुष की आवश्यकता मात्र है। उसके लिए "जिन्दगी में रोमांस बड़ी बुरी चीज है जब तक देह में नया खून रहता है, दुनियां भर की खुराफात, फिजूल की बातें हैं।" इस तरह वह विश्वकांत के पास पहुँच कर किसी आधुनिक मनोविश्लेषण के समान अपने और विश्वकांत के पूर्व-प्रेम की चीर-फाड़ करने लगती है। और हम देखते हैं कि अंत में वह इसी निष्कर्ष पर पहुँचती है कि स्त्री-पुरुष में प्रेम का आधार मात्र वासना है या उसे यौवन के उपभोग की इच्छा भी कह सकते हैं।

नाटककार ने अपने इस नाटक में प्रेम जैसी सूक्ष्म एवं मानसिक समस्या को प्रस्तुत करने के उद्देश्य से कथानक को शिक्षित वर्ग की परिधि में समेटा है।

भारत भूषण चढ्ढा ने कहा है "नाटककार ने अपने कथानक का विषय एक ऐसे सीमित वर्ग को बनाया है जो पाश्चात्य संस्कृति के वातावरण से इतना अधिक प्रभावित है कि भारतीय संस्कृति के परम्परागत साधारण संस्कार भी उसमें नहीं।"

यदि हम यथार्थ को परखना चाहते हैं तो उन्हें विदेशी जीवन की नकल नहीं कह सकते। नाटक में वर्णित समस्त समस्याओं को हम अपने उस युग के (सामयिक) जीवन की उलझनें कह सकते हैं। उन्हें उस युग के प्रश्न कह सकते हैं। क्या ये सभी समस्याएँ हमें उस युग की अन्य कृतियों में भी नहीं दिखलाई पड़तीं ? मिश्र जी ने कहा है "मैं जिस वातावरण में हूँ वह मेरे हृदय और मेरी आत्मा के अनुकूल नहीं है। मैंने जो कुछ अनुभव किया है, देखा है, उसे इस नाटक के रूप में तुम्हारे सामने रख देता हूँ। यथार्थ ज्यों का त्यों—ईमानदारी के साथ। जीवन के यथार्थत्व में जितना नाटकत्व है उतना कल्पना की असंभवता में नहीं।" इसलिए इन समस्याओं को हमें इसी देश की सामयिक समस्याएँ मानना

चाहिए।

समस्या-नाटक में कथावस्तु का महत्व समस्या के प्रस्तुत करने एवं उसके तर्क-वितर्क पूर्ण विवेचन के लिए अधिक से अधिक अवसर प्रदान करने में है। कथानक का नियोजन सफल है। कलात्मक दृष्टि से प्रथम रचना होने के कारण कुछ दोष आ़जाना स्वभाविक है। साधारणतः किसी भी समस्या-नाटक की सफलता के लिए किसी एक समस्या का प्रस्तुतिकरण किया जाना चाहिए। 'संन्यासी' में सूक्ष्म दार्शनिक समस्याओं को भी ग्रहण कर लिया है। इन त्रुटियों के सन्दर्भ में डा. नगेन्द्र का कथन देखिए।

"जीवन की सूक्ष्म समस्याओं के साथ ये समस्याएँ बड़े अनमिल ढंग से गुंथी हुई हैं। रेशम के धागे में यह मोटे-मोटे खद्दर के धागे गूंथकर प्रभाव-ऐक्य में व्याघात उत्पन्न करते हैं और नाटक की युनिटी भ्रष्ट हो जाती है। समस्याओं के धरातल का वैषम्य मिश्र जी के नाटकों की सबसे बड़ी त्रुटि है।"

नाटककार ने कई प्रकार के चरित्रों की सृष्टि की है। कुछ आदर्श चरित्र हैं जैसे मुरलीधर किरणमयी आदि। कुछ पात्र हीन भावना ग्रंथि से पीड़ित हैं जैसे रमाशंकर दीनानाथ आदि। विश्वकांत के चरित्र में एक ओर कोमलतम भावनापूर्ण हृदय है तो दूसरी ओर कठोरतम संकल्प भावना। सभी चरित्रों में मानवीय संवेदनाएँ हैं। चरित्र-चित्रण में नाटककार ने अंतर्द्वन्द्व को प्रकट करने के लिए स्वगत के स्थान पर मूक अभिनय का सहारा लिया है।

कथानक की गतिमयता और चरित्रों को स्पष्ट करने की दृष्टि से नाटक का संवाद पक्ष भी अंशतः सफल है। नाटक की एक विशेषता यह भी अन्य नाटकों से भिन्न है कि इसमें नाटककार ने गीत-योजना की है। इसे कुछ सीमा तक परम्परा का प्रभाव कह सकते हैं। अपनी आंतरिक विभीषिका को छिपाने के लिए किरणमयी गाती है। गीत-योजना में काव्य तत्व का सुन्दर समावेश हुआ है।

मिश्र जी की आरंभिक कृति होने के कारण वस्तु एवं शिल्प दोनों ही दृष्टियों से यह नाटक कुछ सीमा तक सफल है। हिन्दी नाट्य साहित्य का प्रथम समस्या-नाटक होने के लिए इसका अपना ऐतिहासिक महत्व है।

"राक्षस का मंदिर" नामक अपने नाटक में मिश्र जी ने मानव के जीवन को संपूर्ण दिशाओं से बाह्य एवं आभ्यंतर प्रवृत्तियों की उन्नति एवं अवनति को, देवी एवं आसुरी संघर्ष को, आशा एवं निराशा के सम्मिलन को देखने-परखने की चेष्टा की है।

नाटक में मुख्य अर्थ की व्यंजना के लिए नाटककार ने प्रतीक पद्धति का

प्रयोग किया है। वैसे तो समस्या-नाटक या विचार प्रधान नाटक में प्रतीक पद्धति का अव्यक्त प्रयोग अनिवार्यतः होता ही है।

इसलिए भारत भूषण चढ्ढा ने इसे प्रतीक नाटक भी कहा है। ''इस नाटक में प्रतीक पद्धति का प्रयोग इतना शाश्वत और निखरा हुआ है कि यदि कोई इसे प्रतीक नाटक भी कहे तो असंगत न होगा।''

इस नाटक में प्रतीक का निर्वाह बड़े ही कौशल से नाटककार ने किया है जिसके कारण नाटक का महत्व बढ़ गया है। 'राक्षस का मंदिर' में मिश्र जी ने मानसिक प्रवृत्तियों और विवेक के द्वन्द्व को हृदय की देवी और आसुरी वृत्तियों के संघर्ष में चित्रित किया है। 'राक्षस का मंदिर' की भूमिका में ही लेखक ने अपने मनोविचारों को स्पष्ट किया है—''मैंने अपना लेसेन्ट बेदरदी से इस्तेमाल किया है। जिनके सदाचार का स्वरूप सड़क पर दूसरी तरह का है और कमरे में दूसरी तरह था, यह नाटक मैंने उन्हीं की मुक्ति के लिए लिखा है।''

मूर्त रूप से इस नाटक में एक वेश्या की कन्या अशगरी के उत्थान की कथा है। वेश्या समस्या पर मिश्र जी ने यथार्थवादी दृष्टिकोण उपस्थित किया है। कभी-कभी ऐसा प्रतीत होने लगता है कि सद्वृत्तियों का मनुष्य के जीवन में पूर्णतया विनाश हो गया है। किन्तु अनुकूल परिस्थितियों से दैवी प्रवृत्तियाँ पुनः जाग्रत हो जाती हैं। यही भारतीय आदर्श है। मिश्र जी ने इसी आदर्श को अपने इस नाटक में स्थापित किया है।

सदा आदर्श की रट लगाने वाले खोखले व्यक्तित्व जो कि अपने व्यक्तिगत जीवन में उतने ही गिरे हुए हैं, ऐसे चरित्रों का पर्दाफाश मिश्र जी ने किया है। मुनीश्वर ऐसा ही व्यक्ति है जिसका व्यक्तित्व अपने कमरे और सड़क पर भिन्नता लिए है। मुनीश्वर के इसी विवेक और प्रवृत्ति का संघर्ष नाटक की प्रधान समस्या है। नाटककार के अनुसार यह समस्या मुनीश्वर की ही नहीं आज के सम्पूर्ण शिक्षित जगत की है—''शिक्षित समुदाय की सबसे बड़ी समस्या है।''

नाटककार ने मुनीश्वर को उसकी दुर्बलताओं, क्षुद्रताओं के ऊपर उठाया है। उन्होंने न उसके राक्षस को चित्रित करने में ही किन्हीं संकोची भावों का प्रदर्शन किया है और न उसके देवत्व के दर्शन कराने में ही कोई अतिशयता ही प्रदर्शित की है। एक ओर सुरा सुन्दरी के मोह में पड़ा है तो दूसरी ओर बेटे के होते हुए भी अपना सर्वस्व 'मातृ मंदिर' के हेतु दानकर अपनी त्याग-वृत्ति को स्पष्ट करता है। रामलाल आरंभ में जिन वासना के उपकरणों से बंधा है उन्हे स्वयं त्याग देता है। त्याग करते हुए भी राक्षसी प्रवृत्तियों से प्रभावित बताकर नाटककार ने उसके चरित्र को सर्वथा मनोवैज्ञानिक पीठिका दी है।

मिश्र जी की प्रवृत्ति इस नाटक में राक्षसी प्रवृत्तियों का विरोध प्रदर्शित करती हुई मानव की सहायता करते हुए सम्पूर्ण मानवता के सामूहिक उत्थान में प्रवृत्त हुई है।

इस समस्या के अतिरिक्त ललिता और रघुनाथ के माध्यम से रोमाण्टिक और दमित प्रेम पर, विवाह के माध्यम से यथार्थ प्रेम की विजय दिखलाई है।

नाटक का प्रधान पात्र मुनीश्वर राक्षसी वृत्तियों से आक्रांत है। अपनी स्वार्थी वृत्ति के कारण वह पिता, पत्नी, पुत्र, मित्र, प्रेमिका और समाज सभी से छल प्रवंचना का आधार ग्रहण करता है। रघुनाथ को मानवोचित गुणों में ग्रहण किया जा सकता है। रामलाल देवत्व का प्रतीक है। अश्गरी का चरित्र आधुनिक नारी की विशेषताओं का प्रतिनिधित्व करता है।

मिश्र जी ने साहित्यसेवियों, वर्तमान शिक्षा, छुआछूत और आदर्शवादी कोरी भावुकता पर व्यंग्य किया है। इसके अतिरिक्त खादी-धर्म गांधीवाद, सरकारी प्रबंध आदि पर भी कुठाराघात किया है। मुनीश्वर और रामलाल जैसे पात्रों की सृष्टि कर बौद्धिकता को खुलकर खेलने दिया है। लेखक ने तीसरे अंक के आरंभिक पृष्ठों में कहीं खादी-धर्म, तो कहीं गांधीवाद, तो कहीं स्त्री समस्या, तो कहीं साहित्य पर तर्क-वितर्क किए हैं। इस प्रकार के तर्क-वितर्कों की कहीं कोई आवश्यकता नहीं दिखाई पड़ती। अधिकाधिक समस्याओं के प्रदर्शन में कुछ स्थलों पर वह मुख्य प्रतिपाद्य से भटकने सा लगता है। उठाई गईं समस्याएँ बिखरी-बिखरी सी लगती हैं। अतएव प्रभावान्विति में बाधा पहुँचती है। नवोन्मेष की कमी होते हुए भी बौद्धिक विचारों में गतिमयता लाने के लिए यह नाटक अपना महत्व स्थापित करता है। चरित्रों को स्पष्ट करने के लिए नाटककार ने उनके भावों की अपेक्षा उनके विचारों को अधिक स्थान दिया है। रघुनाथ के चरित्र में उसकी वृत्तियों को व्यक्ति का रूप देकर अन्तर्द्वन्द्व को चित्रित करने का सफलतम प्रयोग लेखक ने किया है। अश्गरी के चरित्र में परिवर्तन की प्रक्रिया को छोड़कर स्वाभाविकता का बहुत अंशों तक निर्वाह हो सका है।

इस नाटक के चरित्र ही इसका सबसे सबल पक्ष हैं किंतु नाटककार ने चरित्रों का सृजन तो सुंदर रूप में किया है किंतु उनका निर्वाह उसी रूप में नहीं हो सका।

भाषा के संबंध में मिश्र जी ने यथार्थवाद का गलत प्रदर्शन किया है। 'राक्षस का मंदिर' में स्थान-स्थान पर अंग्रेजी शब्दों का प्रयोग किया है। परंतु यह प्रयोग कहीं-कहीं तो अत्यंत दोषपूर्ण हो गया है। पृष्ठ 117 पर लगातार संवादों में अंग्रेजी का ही प्रयोग है। अभिनय की दृष्टि से इस तरह के प्रयोगों का प्रेक्षकों पर अच्छा

प्रभाव नहीं पड़ता। भाषा संबंधी भूलें भी हास्यास्पद सी हैं। लिंग-दोष, व्याकरण संबंधी दोष, शब्दों की अशुद्धियों से संबंधित दोषों से यह नाटक पूर्णतः मुक्त नहीं है–। 'तुम चली जावो वहाँ से' (पृष्ठ 3), 'बहादुरी की ढोंग' (पृष्ठ 12), 'रंजमत हो' (पृष्ठ 5), स्वर्ग और नर्क बच्चों का खेल है आदि ऐसे वाक्य हैं जो कानों में प्रेक्षकों को अवश्य ही खटकेंगे। रंगमंचीय दृष्टिकोण से इसके प्रदर्शन में ये बाधाएँ सामने आती हैं।

फिर भी नाटक में प्रतीक-योजना द्वारा विचारों को प्रेषित करने में नाटककार बहुत अंशों में सफल कहा जा सकता है। मिश्र जी की नाट्य कला का रूप धीरे-धीरे निखर रहा है। यह निखार हम मुक्ति के रहस्य में स्पष्ट पा सकते हैं।

समस्या का सबसे सुलझा रूप हमें 'मुक्ति का रहस्य' में मिलता है जैसा कि नाटक के शीर्षक से ही स्पष्ट होता है। रचयिता पाप से मुक्त होने का रहस्य उद्‌घाटित करता है। आशादेवी, उमाशंकर शर्मा से प्रेम करती है। यह प्रेम इस सीमा तक पहुँच जाता है कि वह शर्मा जी की रुग्णा पत्नी को आठ बूंद विष देकर हत्या कर डालती है। इस कुकृत्य में सहायक है डॉ. त्रिभुवनदास। डॉक्टर आशादेवी से अनुचित लाभ उठाकर उसके सतीत्व को भंग करता है। आधुनिक नारी का यह प्रवंचनामय रूप है जो इस लोक में तो हत्या और व्यभिचार करती है और दूसरे लोक में उसी पुरुष को वरण करना चाहती है जिसकी स्त्री को विष दिया था। आशादेवी अपने बाह्य जगत की समस्या का समाधान डाक्टर त्रिभुवन से विवाह कर लेने में पाती है–"मैं चाहती हूँ कि जिस तरह हमारा पाप एक है उसी तरह हमार जीवन भी एक हो जाए...तुम मेरे लिए पहले पुरुष हो. ..अब तुम मेरे लिए अंतिम पुरुष भी रहो।"

इस तरह बहिर्जगत की समस्या तो सुलझा सी लेती है, परन्तु अपने अन्तर्जगत की ज्वाला को कैसे शांत करे ? इसका समाधान वह स्वयं देती है। "हम दोनों की मुक्ति हो नहीं सकती, जब तक हमारा पाप उनके सामने खुल न जाए।"

जिस विष ने भी उसके पश्चाताप की अग्नि को शीतल नहीं किया। अपने पाप से वह मुक्त नहीं हो सकी। उसी पाप से मुक्ति उमाशंकर के सम्मुख उसकी स्वीकृति कर देती है। इस तरह हम यहाँ यह पाते हैं कि मिश्र जी पश्चिम के मुक्त-भोग का आदर्श स्वीकार नहीं करते। आशा उस पुरुष को, जो उसके लिए प्रथम पुरुष था अपना पति बनाकर इस जीवन के अर्थ को देकर अंतिम पुरुष भी बना लेती है। शरीर कोई व्यापार की वस्तु नहीं है जो कि ग्राहकों की हैसियत को देखकर बिकता फिरे। कथानक की दृष्टि से यह मिश्र जी के सभी नाटकों

में सफल है। इसमें नाटककार ने आदर्शवाद और स्वच्छन्दतावाद के ऊपर यथार्थवाद की विजय बताई है। आशा देवी के मनोवैज्ञानिक परिवर्तन के चित्रण में नाटककार विशेष सफल हुआ है। उमाशंकर की उदासीनता से उसकी सारी भावुकता उड़ जाती है और वह यथार्थ धरातल पर आ डॉक्टर से विवाह का प्रस्ताव करती है।

जिस अन्विति का मिश्र जी के पूर्ववर्ती नाटकों में अभाव था उसकी पूर्ति इस नाटक में हुई है। मिश्र जी के शब्दो में 'संन्यासी' और 'राक्षस का मंदिर' लिखते समय मैंने जो प्रयोग आरंभ किए थे वह इस नाटक 'मुक्ति का रहस्य' में आकर पूर्ण हुए।

नाटकीय स्थितियों की संयोजना भी बड़ी कुशलता से की गई है। नाटक की कथावस्तु असाधारण घटनाओं पर आधारित होने के कारण रोचकता का निर्वाह सरलता से हो सका है।

नाटक के मुख्य पात्र उमाशंकर और आशादेवी दो ही हैं। दोनों का चरित्र अपनी विशेषताओं के कारण असाधारणता प्राप्त कर सका है। नाटककार ने बड़े ही कौशल से दोनों चरित्रों का निर्वहन किया है। चरित्रों में अन्तर्द्वन्द्व का आकलन बड़े ही कौशल से हुआ है। उमाशंकर के चरित्र में कुछ अपनी विचित्रताएँ हैं जो बरबस प्रेक्षक का ध्यान आकर्षित कर देती हैं। वह व्यक्तिवादी प्रवृत्ति का मानने वाला होते हुए भी सामाजिक कार्यकर्ता है। नाटककार ने स्वायत्त शासन की शक्ति के दुरुपयोग की समस्या भी प्रस्तुत करने का प्रयास किया है।

कथोपकथनों का निर्वाह निर्दोष हुआ है। इनसे कथानक को गति और चरित्रों का विश्लेषण भी पूर्णता के साथ हुआ है। वार्तालाप की गरिमा एवं स्वाभाविकता लंबे भाषणों की अपेक्षा संक्षिप्तता में ही होती है। इस दृष्टि से भी यह एक सफल नाटक है। संवादों के माध्यम से चरित्रों का अन्तर्द्वन्द्व भी नाटककार स्पष्ट कर सका है।

रंगमंच पर अभिनय की दृष्टि से यह सबसे अधिक सफलतम नाटक है। अंक विभाजन एवं दृश्य परिवर्तनों की स्थिति अभिनय के अनुकूल है। कथानक, चरित्र संवाद और भाव सभी दृष्टियों से भी यह नाटक सफल है। वस्तुतः मिश्र जी की बुद्धिवादी मान्यतायें पिछले नाटकों की अपेक्षा इस नाटक में अधिक स्वस्थ एवं व्यावहारिक स्तर पर सफल हुई हैं। असाधारण घटनाओं एवं पात्रों की संयोजना करके भी मिश्र जी अपने इस नाटक में अपने बौद्धिक विचारों के प्रेषण में सफलता प्राप्त कर सके हैं।

वैवाहिक जीवन के वैषम्य को चित्रित करना नाटक का मुख्य प्रयोजन है

जिसमें एक रजवाड़े की कथा के संदर्भ में अपने बुद्धिवाद के सिद्धांत का प्रतिपादन है। इसमें एक कुलीन परिवार के नैतिक-ह्रास की काली छाया सम्पूर्ण वातावरण को अत्यन्त भयानक एवं कलुषित कर देती है। नाटक के सभी पात्र किसी न किसी सामाजिक विकृति के जाल में फंसे हैं। यही विकृत मनोवृत्ति उन्हें हीन भावना की ग्रंथि से जकड़े है। चम्पा के माध्यम से नाटककार सनातन से चली आती हुई दयनीय नारी की समस्या को सम्मुख रखता है। अपने विचारों को नाटककार ने 'राजयोग' के माध्यम से कुछ सीमा तक प्रकट करने का प्रयास किया है। नाटककार के विचारों का प्रतिनिधित्व करने वाला राजयोगी नरेन्द्र कहता है "सच्चाई को दबाना ही तो पाप है।"

इसी विचार का प्रतिपादन नाटक का मुख्य केन्द्र है। सभी प्रमुख पात्र अपने पाप को दबाने के कारण दुखी हैं। यही कारण है कि उनके जीवन में ग्रंथियों का घिराव हो गया है जिसके कारण स्वाभाविक विकास रुक गया है। नाटककार शत्रुसूदन नरेन्द्र और चम्पा के प्रेम की समस्या की तह में जाकर उसके कारण का अनुसंधान करना चाहता है। हमारे देश के वैवाहिक जीवन में आज जो अशांति है, कुंठा है वह पहले कभी इस रूप में भयानक नहीं बनी थी। यह समस्या आधुनिक शिक्षा के प्रचलन और पाश्चात्य विचारों के ग्रहण से और बढ़ गई है, ऐसी मिश्र जी की स्वीकारोक्ति है। गजराज चम्पा से कहता है "मुझे अच्छी तरह याद है। आप नहीं पढ़ा रही थीं। नरेन्द्र भी नहीं पढ़ रहे थे। पढ़ तो रहे थे मास्टर साहब। लड़के-लड़की सब एक साथ बैठे थे, मैं तो मारे लाज के वहाँ से हट कर दूसरी ओर चला गया। उसके बाद नरेन्द्र बाबू ने मुझे बहुत समझाया कि एक साथ पढ़ने में कोई बुराई नहीं है लेकिन मेरे मन में यह बात नहीं जमी।"

नाटक के कथासूत्र और उसकी योजना से स्पष्ट है कि जिस मनोवैज्ञानिकता को लेकर नाटककार चलता है उसका उचित निर्वाह कर सकने में हम उसे असमर्थ पाते हैं। गजराज का द्वन्द्व भी स्पष्ट नहीं होता वह एक प्रहेलिका सी बन जाता है। चम्पा का विवाह शत्रुसूदन से उसकी इच्छा के विरुद्ध होता है। एक धनिक अपनी संपत्ति के बल से कुछ भी कर सकता है। यह भारतीय नारी जीवन की ज्वलंत समस्या है पर उसका हल मिश्र जी ने समझौते द्वारा निकाला है। क्या इस विषम वैवाहिक समस्या का अन्त में यही परिणाम संभव हो सकता था ? अंत में सभी पात्र यह स्वीकारते हैं।

"इसके पिछले धब्बे धो दिये जाएँ पिछली जंजीरें काटकर फेंक दी जाएँ। यह अपने मन में मान लिया जाए कि हम लोगों का जन्म आज हो रहा है। हम लोग पहले नहीं थे, जो कुछ था हमारा भूत था, इस धरती पर हम आज उतरे

हैं और आज ही हम लोगों को अपनी यात्रा आरंभ करनी है।''

बुद्धि का उपर्युक्त उपाय क्या हृदय को इतना भर कह देने से स्वीकार हो सकता है ? क्या कोई भी बात हृदय से निकाल देना संभव हो सकता है ?

कुल मिलाकर यह बोध तथा पाप को विस्मृत कर देने की शिक्षा अपनी अस्वाभाविकता को ही दर्शाती है। अपने बुद्धिवादी सिद्धांतों की चरितार्थता सिद्ध करने में यहाँ उसे सफलता नहीं मिली है। यद्यपि समस्या नाटकों की कड़ी में यह नाटक चौथा स्थान रखता है फिर भी विकासात्मक दृष्टि से जो रूप इसका सामने आना चाहिए था वह नहीं आ सका है। संवादों को भी दोषमुक्त नहीं कह सकते। नरेन्द्र पाठक के सम्मुख एक योगी के रूप में अवतरित होता है। नाटककार ने नाटक में योगी के स्थान पर नरेन्द्र लिखा है। इसके अनन्तर नरेन्द्र का कोई आरंभिक परिचय नाटक में प्रेक्षक को प्राप्त नहीं होता जिससे नाटक के रंगमंचन में दुरूहता आ जाती है।

शिल्प की दृष्टि से भी इस नाटक में कई दोष हैं। पहला अंक आरंभ होता है। शत्रुसूदन के दुमंजिले बंगले से। फिर रघुवंशसिंह का प्रस्थान होता है। गजराज का उसके पीछे जाना, शत्रुसूदन का अपने कमरे में आना, और गजराज तथा रघुवंशसिंह बंगले के सामने की सड़क पर बातें करने लगते हैं। रंग संकेतों द्वारा मिश्र जी ने लम्बा-चौड़ा दृश्य खड़ा किया है। वह एक ही 'सीन' (दृश्य) में नहीं समाहित हो सकता। इसी तरह सड़क और बंगले के दृश्य साथ-साथ बताए हैं।

नाटकीय घटनाओं के शक्तिशाली निर्माण का अभाव बड़ा है।

मिश्र जी के समस्या-नाटकों का भव्य और निखरा हुआ रूप 'सिन्दूर की होली' को ही प्राप्त है। वास्तविक स्वप्न के दर्शन इसी नाटक के माध्यम से होते हैं। मिश्र जी के अन्य समस्या-नाटकों की भांति इसमें भी वैवाहिक जीवन की समस्याओं को प्रस्तुत किया गया है। मनोरमा विवाह के सामाजिक और बाह्य विधान की अपनी समस्या लेकर चलती है। इसके विरोधी पात्र के रूप में चन्द्रकला अपने जीवन में मानसिक वरण को सामाजिक रूढ़ियों से ग्रंथित बाह्य विवाह के रूप में श्रेष्ठ मानती है। दोनों ही नारियों के पक्षों को नाटककार ने सबल तर्कों द्वारा प्रस्तुत किया है। इसमें नाटककार द्वारा जो भी तर्क प्रस्तुत हुए हैं वे केवल बौद्धिक वितर्क मात्र नहीं हैं। उनके पीछे अनुभूतियों की प्रेरणा है। यहाँ दोनों ही विरोधी विचारों के पात्रों के वक्तव्यों (तर्क) में बल है। नाटककार यहाँ दर्शक सा हो गया है और यहीं पर हम समस्या का पूर्ण सुष्ठु रूप पा सकते हैं। लेखक के विचार न तो मनोरमा का पोषण करते हैं और न ही चन्द्रकला का। दोनों पात्र एक दूसरे के पूरक हैं। दोनों में सत्य अवश्य है किन्तु किसी सीमा

तक ही।

नाटक के प्रत्येक पात्र की अपनी व्यक्तिगत समस्याएँ हैं। मनोरमा की समस्या यह है कि वह बाल विधवा है। किन्तु फिर भी दो-दो पुरुष मुरारीलाल और मनोजशंकर उसकी ओर आकर्षित हैं। चन्द्रकला की समस्या यदि उद्घाटित करें तो हम उसे आरंभ में मनोजशंकर को उसकी ओर आकृष्ट पाते हैं पर मनोज के अंधकारपूर्ण व्यक्तित्व से वह खिंची रहती है। तभी रजनीकांत की छाया उसके मानस पटल पर अमिट रूप से पड़ जाती है। अब वह मनोजशंकर को पति रूप में चुने अथवा रजनीकांत की मानसिक छाया को ? हृदय और बुद्धि का द्वन्द्व विजयी होता है। इसी प्रकार डिप्टी कलेक्टर मुरारीलाल के समक्ष भी आर्थिक पहलू की अपनी स्वार्थी समस्या है। वह भगवंतसिंह से घूस में हजार रुपया लेता है। इसी तरह कला शिक्षा आदि की समस्याओं पर भी नाटककार स्फुट विचार प्रकट करना चाहता है।

किंतु सभी समस्याओं के मूल में प्रेम और विवाह से पूर्ण नारी की ही समस्या है। इस नाटक के पात्रों के वैचारिक धरातल पर जो द्वन्द्व है वह शिक्षा और संस्कार के अन्तःसंघर्ष का परिणाम है। इस मुख्य समस्या के इस नाटक में आधुनिक शिक्षा प्रणाली, औषधि विज्ञान, नारी स्वातंत्र्य, नैतिक मान्यताओं के विविध पहलू आदि के संबंध में भी पश्चिमी प्रभाव का विरोध स्थान-स्थान पर किया है।

अन्य समस्या नाटकों की अपेक्षा 'सिन्दूर की होली' स्वस्थ एवं सफल कृति है। जो प्रयोग मिश्र जी ने 'संन्यासी' में आरंभ किया था वह 'सिन्दूर की होली' में जाकर पूर्ण हुआ। बुद्धिवाद का यथेष्ठ प्रयोग भी उनके पात्रों के माध्यम से हुआ है।

"संसार की सभी समस्याएँ जिनके लिए आजकल इतना शोर मचा है, तराजू के पलड़े पर नहीं सुलझाई जा सकतीं। वे पैदा हुई हैं बुद्धि से और उनका उत्तर भी बुद्धि से ही मिलेगा। इस नाटक में द्वन्द्व मानसिक धरातल पर ही अधिक है। सम्पूर्ण नाटक में भारतीय संस्कारों की ध्वनि ही सुनाई पड़ती है। पाप कर्मों का परिणाम सदैव नाश की ओर ले जाता है। यह सिद्धांत 'सिन्दूर की होली' में मुखरित है। मनोज के कथनानुसार–

"संचित कर्म जो चाहते हैं करा डालते हैं।" "यही भारतीय संस्कृति की ध्वनि है। समस्या-प्रदर्शन और रचना-विधान दोनों दृष्टियों से यह अत्यंत व्यवस्थित नाटक है। कई बार इसका रंगमंच पर प्रदर्शन हो चुका है। अतः अभिनय और रंगमंचीय दृष्टि से इसकी सफलता स्वयं सिद्ध है।

पश्चिमी शिक्षा, सभ्यता आदि ने भारत में जिन विकृतियों को जन्म दिया है मिश्र जी ने अपने बुद्धिवादी स्वरूप से उनका प्रकटीकरण अपने इस नाटक में किया है। नाटककार ने नारी जीवन के विभिन्न पहलुओं तथा उसकी प्रेमानुभूति तथा सामाजिक संबंधों के औचित्य पर भी प्रकाश डाला है। नारी जागरण ने स्त्रियों में अमर्यादित स्वच्छंदता उत्पन्न कर दी है। इस समस्या के विवेचन के लिए नाटककार ने पाश्चात्य संस्कारों में पली एक शिक्षित भारतीय नारी के चरित्र को आधार बनाया है। नारी स्वातंत्र्य के मोह में उसने दो प्रेमियों को प्रेम बांटा परन्तु प्रतिस्पर्धा ने एक दूसरे प्रेमी को गोली मार दी। इस घटना से एक मारा गया दूसरे को काले पानी की सजा मिली। प्रेयसी मायावती के हृदय में अन्तर्द्वन्द्व हुआ। उसका हृदय नारी के स्वच्छंद प्रेम की भूल-भुलैया में भरकर मर्यादित एकनिष्ठ प्रेम के राजमार्ग पर आने को व्याकुल हुआ। अपनी स्थिति का विश्लेषण इस तरह करती है—रक्त की उत्तेजना, जवानी की वासना और उन्माद को, अंग्रेजी पढ़ी सभी लड़कियों की तरह मैंने भी नारी स्वातंत्र्य और नारी समस्या कहकर दुनिया को हिला देना चाहा था। .....लेकिन क्या सभी कहीं आत्मवंचना और दंभ, स्वतंत्रता के नाम पर वासना की अभिवृद्धि नहीं थी ?

इसमें समस्या के विवेचन की आधार भूमि अवश्य गहरी है परंतु फिर भी नाटककार विचार प्रेषण में पूर्णतः सफल नहीं। दूसरी समस्या साहित्य के सृजन में कवि के दायित्व की है। नाटककार का मत है कि जब साहित्यकार व्यक्तिगत सीमाओं को त्यागकर समष्टि की परिधि में पहुँच जाता है, तभी उसके द्वारा सत साहित्य का सृजन संभव हो सकता है। इसके विवेचनार्थ नाटककार ने कल्पना के इन्द्रधनुषी रंगों में डूबने उतराने वाले भावुक कवि प्रकाशचन्द्र को आधार बनाया है। इसमें वर्तमान शिक्षा-प्रणाली, नूतन जीवन पद्धति तथा कला संबंधी नये दृष्टिकोण प्रस्तुत किये हैं। नाटक में विचारों की पुष्टता एवं स्पष्टता नहीं है। प्रेत की अवतारणा तथा पूरे नाटक में एक डरावना वातावरण बुद्धिवादी मान्यताओं को स्खलित करता है। मायावती द्वारा आत्महत्या भी मिश्र जी के सिद्धान्तों के लिए व्याघात है। विषय की जटिलता और लाक्षणिकता में कठोर कल्पना के कारण कथोपकथनों में दुरूहता आ गई है। अभिनय की दृष्टि से भी इस नाटक को उतनी सफलता नहीं मिल पाई है।

मिश्र जी के संपूर्ण समस्या नाटकों पर दृष्टिपात करने के उपरांत हम यह कह सकते हैं कि मिश्र जी और पश्चिमी नाटककारों (विशेष रूप से 'बर्नार्ड शॉ और इब्सन) के नाटकों में हमें बहुत अन्तर दिखलाई पड़ता है। इब्सन और शॉ ने कठोर तर्कों द्वारा रूढ़ि का विरोध किया है किन्तु इसके विपरीत मिश्र जी

ने सामाजिक आदर्श का प्रतिपादन किया है। वैचारिक क्रांति उपस्थित करने के लिए शॉ ने व्यंग्य के साथ उपहास को विशेष प्रश्रय दिया जबकि मिश्रा जी ने विचार, तर्क, अनुभूति एवं व्यंग्य सभी का आधार ग्रहण किया है। मिश्र जी हृदय से कवि हैं इसका प्रमाण छायावाद के स्वरूप को स्पष्ट करने के लिए इनका 'अन्तर्जगत' है। बौद्धिकता का स्वरूप इन्हें रूक्ष और कोरा तार्किक नहीं बना सका है। उनके हृदय पक्ष का योग भी उनके न चाहने से स्थान-स्थान पर समस्या नाटकों में झलक जाता है। पात्रों में पर्याप्त सजीवता है वे केवल बुद्धि के शुष्क पुतले भर नहीं हैं। जीवन में भावना का भी अपना महत्व है। जहाँ उसकी अतिशयता हानिप्रद है वहीं उसको जबरदस्ती कुचल देना भी वैसा ही दुष्परिणामकारी है। लक्ष्मीनारायण मिश्र की परिस्थितियाँ और उनसे उद्‌भूत प्रेरणाएँ मौलिक हैं। उनकी परम्पराएँ हिन्दी की अपनी परम्पराएँ हैं। किसी तरह का उन पर आरोप लगाना कि ये नाटक के इस रूप को पश्चिम से लाए हिन्दी नाटक की यथार्थवादी धारा के साथ अन्याय करना होगा। अपनी दुर्बलताओं के बावजूद मिश्र जी के समस्या-नाटक हिन्दी साहित्य में अप्रतिम महत्वपूर्ण पद पर आसीन हैं।

प्रसादयुगीन हिन्दी रंगमंच

भारतेन्दु के पश्चात् हिन्दी नाट्य-साहित्य में न्यूनाधिक महत्व के अनेक नाटककार हुए हैं किन्तु जयशंकर प्रसाद के आगमन से नाट्य-साहित्य में एक नया युग प्रारंभ हुआ। इनकी लेखनी का प्रदेय साहित्य की प्रायः सभी विधाओं को रहा है। कविता, कहानी, उपन्यास, आलोचना आदि में हिन्दी साहित्य इनकी नवीनतम शैली एवं शिल्प का सदा ऋणी रहेगा। नाटकों के क्षेत्र में आपके आगमन ने हिन्दी को अनेक अमूल्य रत्न दिए हैं जिनकी कौंध युगों-युगों तक प्रकाश फैलाती रहेगी।

प्रसाद जी के नाटकों का रचनाकाल-प्रसार 1910 से 1933 तक रहा है। इस युग में रहकर आपने 'सज्जन' (1910 ई.), 'कल्याणी परिणय' (1912 ई.), 'करुणालय' (गीति नाट्य 1913 ई.), 'प्रायश्चित' (1914 ई.), 'राज्यश्री' (1915 ई.), 'विशाख' (1921 ई.), 'अजातशत्रु' (1922 ई.), 'कामना' (1923-24 में रचित व 1927 में प्रकाशित), 'जनमेजय का नागयज्ञ' (1923 ई.), 'स्कन्दगुप्त' (1928-1929), 'एक घूंट' (एकांकी 1929 में रचित व 1930 में प्रकाशित), 'चन्द्रगुप्त' (1931), 'ध्रुवस्वामिनी' (1933 ई.) इत्यादि नाटकों की रचना की है।

प्रसाद का व्यक्तित्व एक कवि का रहा है। उनकी समस्त साहित्य सृष्टि में काव्यत्व अटूट मात्रा में विद्यमान है। कल्पना उनकी सहचरी रही है जिसके साहचर्य में रहकर आपने कहानी, उपन्यास और नाटकों के कल्पित पात्रों में भी प्राण फूँक कर उन्हें सजीव कर दिया है। नाटक में काव्य का सम्मिलन और काव्य में नाटकीयता का स्फुरण उनके साहित्य की एक अपूर्व विशेषता है। प्रसाद जी का उदय हिन्दी नाट्य क्षेत्र में एक नये युग की स्थापना करता है। ''उन्होंने हिन्दी नाटकों का नवीन शैली से शृंगार नहीं किया बल्कि नूतन प्राण प्रतिष्ठा भी की।''

उनके नाटकों का तात्विक निरूपण करने पर हम देख सकते हैं कि उनके नाटक इस कोटि में अद्वितीय हैं। उनके नाटकों की कथावस्तु, चरित्र-चित्रण, संवाद, अभिनेयता आदि उनके स्वतंत्र चिंतन और स्वतंत्र दृष्टिकोण के सूचक हैं।

रंगमंच को लेकर प्रसाद के नाटकों पर काफी विवाद हुआ है। घटना विस्तार, लंबे दार्शनिक भाषण, भाषा क्लिष्टता, स्वगत कथन की अस्वाभाविकता आदि अनेक ऐसी बातें हैं जो अभिनेता और सामाजिक के बीच खाई का काम करती हैं। प्रसाद के नाटकों में एक आद्यान्त गंभीरता के स्वर सुनाई पड़ते हैं। ऐसे बहुत से नाटककार भी आए जो रंगमंच की दृष्टि ही से नाटक लिखते थे या ऐसे भी थे जिन्होंने रंगमंचीयता एवं नाटकीय औदात्य में समन्वय स्थापित किया था। वे भी कई दृष्टिकोणों से प्रसाद के समकक्ष नहीं उठ सके।

यदि हम पूर्वाग्रह को त्याग दें तो पाते हैं कि प्रसाद के नाटकों में गंभीरता के आगमन के कारण रंगमंच की अवहेलना हुई है। अपनी अंतिम कृति में नाटककार ऐसा नहीं कर सका दिखाई पड़ता है। प्रसाद के नाटकों की अभिनेयता के संबंध में उनका स्वयं का मत भी देखिए—

मेरी रचनाएँ तुलसीदत्त 'शैदा', अगाहश्र की व्यापारी रचनाओं के साथ नहीं नापी-तोली जानी चाहिएँ। मैंने उन कम्पनियों के लिए नाटक नहीं लिखे हैं जो दो-चार चलते अभिनेताओं को एकत्र कर कुछ पैसा जुटाकर चार पर्दे मंगनी मांग लेती हैं और दुअन्नी, अठन्नी के टिकिट पर इक्के वाले, खोमचे वाले और दुकानदारों को बटोरकर जगह-जगह प्रहसन करती फिरती हैं।

इनके नाटकों का रसास्वाद सुशिक्षित साहित्यिक रुचि संपन्न ही कर सकता है। सामान्यतः अभिनय की दृष्टि से ये नाटक दुस्साध्य अवश्य हैं, परन्तु इस वैज्ञानिक युग में उन्हें असंभव और असाध्य नहीं स्वीकारा जा सकता।

उनके नाटकों के पठन मात्र से भी रसानुभूति होती है और कुछेक परिवर्तनों के साथ उनको प्रस्तुत किया जा सकता है। काशी में हुए हिन्दी साहित्य सम्मेलन के अधिवेशन में 'स्कन्दगुप्त' सफलतापूर्वक अभिनीत हो चुका है।

इनके नाटकों पर जो आक्षेप लगे हैं उनके अनुसार आलोचकों का कहना है कि इनके नाटकों के लिए पाँच-छः घंटे लगातार बैठकर देखना भी यथेष्ठ नहीं है। संवादों में स्वगत की भरमार है एवं स्वगत भी लंबे-लंबे हैं। गीतों का भी आधिक्य है जो समय भी काफी ले लेते हैं। एक अन्य विशेषता (या दोष) यह भी है कि काव्य तत्व की प्रचुरता है एवं दृष्यों का विभाजन दोषपूर्ण है। प्रसाद ने रंगमंच को दृष्टि पथ में लाकर अपने नाटक नहीं लिखे वरना ये त्रुटियाँ न आ पातीं।

रंगमंच पर प्रस्तुतीकरण के हेतु जिन गुणों की जरूरत है उनका समावेश भी हमें मिलता है। क्रिया-व्यापार का वेग समान रूप से व्याप्त है। प्रसाद ने अपने सभी नाटकों में प्रथम और अंतिम दृश्यों को बड़ा ही रोचक और आकर्षक बनाया है। यह अभिनय कला की दृष्टि से उत्तम है।

प्रसाद के नाटक रंगमंच की वर्तमान स्थिति को देखते हुए दुरूह अवश्य कहे जा सकते हैं। वे रंगमंच के अनुसार नाटक लिखने के समर्थक नहीं हैं वरन् नाटक के अनुरूप रंगमंच बनाने के पक्ष में हैं।

अधिकांश नाटकों की रचना इतिहास की पृष्ठभूमि के आधार पर हुई है। इसलिए ये नाटक वीर-रस प्रधान कहे जा सकते हैं। इसके अतिरिक्त इतिहास की घटनाओं के साथ-साथ हर नाटकों में एक कल्पित प्रेम कथा भी चलती दिखाई देती है। इस प्रेम कथा ने इतिहास की नीरस घटनावली को सरसता दी है। यद्यपि नाटकों में युद्ध की प्रधानता रही है। परन्तु नाटककार ने अपने नाटकों को मात्र युद्ध का अखाड़ा नहीं बनने दिया है। उसने अपनी प्रतिभा और कल्पना के सहारे इतिहास के मरुस्थल में मरुद्यानों की रचना की है जिससे इतिहास के भयानक दृश्यों से पाठक ऊब न सकें।

'प्रणय की मधुचर्या, वियोग की व्यथा और करुणा का उन्मेष आद्योपान्त उपलब्ध हैं। वीर, वीभत्स, भयानक, रौद्र रस का संचरण भी कुशलतापूर्वक कराया है।

काव्य में नाटक को सर्वाधिक रम्य कहा गया है। यह कथन 'प्रसाद' के नाटकों द्वारा पुष्ट होता है। प्रसाद की इस देन का हिन्दी साहित्य चिर ऋणी रहेगा।

नाट्य साहित्य की प्रवृत्तियाँ

प्रसाद के नाटकों की अपनी कुछ विशेषताएँ हैं। उनकी इन प्रवृत्तियों को हम उनके नाटकों के भाव पक्ष और कला पक्ष में देख सकते हैं। आधुनिक हिन्दी साहित्य का प्रधान स्वर राष्ट्रीयता की भावना रहा है। प्रसाद ने अपने नाटकों की विषय-सामग्री इतिहास से ग्रहण की है। इतिहास में कल्पना और भावना का समावेश करने में कठिनाई नहीं उपस्थित होती। देश-प्रेम, प्रकृति-प्रेम, सुदूर के प्रति हमारा स्वाभाविक आकर्षण इन सभी को इतिहास के माध्यम से अपने उन्नति के तत्व मिल सकते हैं। प्रसाद को यह ज्ञात था इसलिए उन्होंने अपने स्वच्छन्दतावादी नाटकों का भव्य प्रासाद इतिहास की आधारशिला पर खड़ा किया। अपने नाटकों की विशाल परिधि में प्रसाद ने मानव जीवन का विशाल

चित्र प्रस्तुत किया है। सामाजिक और ऐतिहासिक परिस्थितियों का चित्रण बहुत ही सुन्दर बन पड़ा है। प्रसाद के नाटकों में धर्म और राष्ट्रीयता को एक ही मान कर चलने का प्रयत्न किया गया है। मानवता सबसे बड़ा धर्म है। क्षमा पौरुष है। गुप्त जी की भारत-भारती में स्वतंत्रता का जो बिगुल बज रहा था उसका सुन्दर निरूपण प्रसाद ने अपने नाटकों में किया है।

"हिमाद्रि तुंग श्रृंग से प्रबुद्ध शुद्ध भारती
स्वयं प्रभा समुज्ज्वला स्वतंत्रता पुकारती"

इसी स्वतंत्रता की भावना को उन्होंने अपने नाटकों में बहुत ही महत्व दिया है। वर्तमान भारत की दुर्दशा को देखकर उन्होंने अप्रत्यक्ष रूप से नाटकों में राष्ट्रीयता की भावना को स्थापित किया है जिससे जनता प्रेरणा ग्रहण कर सके।

शैली-शिल्प में पाश्चात्य एवं भारतीय नाट्य कला का समन्वय

जिस प्रकार अतीत और वर्तमान का समन्वय प्रसाद जी ने अपने नाटकों के विषय में किया है उसी प्रकार रचना शैली में भी हम संस्कृत की नाट्य शैली एवं पाश्चात्य नाट्य शैली का समन्वय पाते हैं। रस, कार्य अवस्थाएँ, अर्थ प्रकृति, पंचसन्धियाँ इनके द्वारा प्रसाद ने अपनी कथावस्तु को सुनियोजित किया है। उनके नाटकों की आदर्शवादिता नेता के दिव्य गुण आदि प्रवृत्तियों के द्वारा प्रसाद ने भारतीय नाट्य कला का अनुगमन किया है। इसके अतिरिक्त प्रस्तावना, भरत वाक्य प्रवेशक, विष्कंभक, वर्जित दृश्य आदि का परित्याग भी किया है।

पात्रों के चित्रण में व्यक्ति वैचित्र्य की झलक, इसी तरह नायक के हृदय की दुर्बलताओं से 'दुखान्त' का संचार अन्तर्द्वन्द्वात्मक चरित्र-चित्रण आदि नवीन प्रवृत्तियों को पाश्चात्य अनुकरण पर ग्रहण किया है।

उनके प्रौढ़ नाटकों का आरंभ उसी दृश्य से प्रारंभ होता है, जहाँ-जहाँ उसकी आवश्यकता होती है। उनके नाटकों का परिचयात्मक प्रथम-अंक भावी समस्याओं और घटनाओं की सम्पूर्ण परिस्थितियों के संकेत दे देता है। इन्हीं घटनाओं से कथावस्तु विकसित होकर आगे बढ़ती है। अन्त तक पहुँचते-पहुँचते जिज्ञासा उठकर समाप्त हो जाती है।

प्रसाद का आगमन ऐसे समय हुआ जब बंगला नाटकों का प्रचलन था। पारसी कम्पनियों की नीवें जम चुकी थीं। भारतेन्दु की रचना के अतिरिक्त अन्य किसी में अपनापन दिखाई नहीं पड़ रहा था। ऐसी अवस्था में प्रसाद को अपनी मौलिकता व्यक्त करना आवश्यक था। अतः नूतन परिपाटी में नूतन विषय की अभिव्यक्ति प्रदान करने में ही उन्होंने अपना उद्देश्य समझा।

इस नूतन परिवेश में उनकी प्रवृत्ति ने भारतीय आत्मा को सुरक्षित रख उसे नव्यतम परिधान पहिनाए। बंगला के स्वगत भाषणों से तथा दृश्य और अंकों के विभाजन में भारतेन्दु काल से सहायता ग्रहण की। नवीनता के रूप में आत्महत्या, वध आदि को भी ग्रहण किया है।

इसी तरह संघर्ष (आंतरिक एवं बाह्य) क्रियाशीलता को भी पाश्चात्य प्रभाव से ग्रहण किया है। समन्वय बुद्धि होते हुए भी भारतीय परम्परा का अनुकरण अधिक किया है।

दुखांत नाटकों की रचना भी पाश्चात्य सिद्धान्तों की देन है।

भारतीय पंडितों ने नाटकीय तत्वों में वस्तु, नेता और रस को प्राधान्य दिया है। प्रसाद ने भी यथाविधि इन्हीं तीनों अंगों का विनियोग किया है और इनके माध्यम से भारतीय आत्मा एवं संस्कृति का पूर्ण दर्शन कराया है।

इसी तरह हम देखते हैं कि प्रसाद ने भले ही अपने पुराने नाटकों में पूर्वी शैली को अधिक अपनाया हो किन्तु फिर भी उसके पालन में उन्मुक्तता है, बन्धन नहीं। अपनी नाट्य शैली के विकास के साथ-साथ उन्होंने पाश्चात्य शैली का भी मिश्रण आरंभ कर दिया था। 'ध्रुवस्वामिनी' तक आते-आते तो पूर्वी शैली का पूर्णतः बहिष्कार ही देख सकते हैं। पूर्वी नाटकों में दुखान्त नाटक नहीं मिलते जबकि पश्चिमी परम्परा के अनुसार दुखान्त नाटक ही श्रेष्ठ माने जाते हैं। प्रसाद ने मध्यम मार्ग का अनुकरण कर अपने नाटकों को 'प्रासादान्त' बना दिया है।

'पश्चिमी और भारतीय नाट्य-कला के सफल सुन्दर उचित सामंजस्य से प्रसाद ने प्रासादान्त कला की स्थापना हिन्दी में की।' प्रसाद के नाटकों में करुणा की एक सघन बदली छा जाती है। 'स्कन्दगुप्त' में यह सबसे अधिक भीगी, अश्रु छल-छल और वेदना चंचल होकर आई है। यही त्याग और विश्वकल्याण का रूप 'प्रासादान्त' शैली बन कर आया है।

प्रसादयुगीन नाटककार

आधुनिक आलोचक और नाटककार अभिनेयता को नाटकों का प्रमुख गुण मानते हैं जो कि नाट्य-शास्त्र के नियमों के अनुसार है। अभिनय के संबंध में जयशंकर प्रसाद जी का मत था—नाटकों के लिए रंगमंच की रचना होनी चाहिए न कि रंगमंच के लिए नाटक लिखे जाने चाहिएँ। प्रसाद जी के नाटकों के संबंध में अभिनेयता को लेकर कई आलोचक उनके दोषों की ओर संकेत करते हैं। 'नाटक बड़े हैं', 'कथोपकथन बहुत लम्बे हैं', 'भाषा कठिन है', 'स्वगत कथनों की भरमार है, 'काव्यात्मकता और गीतों का बाहुल्य' है। इन सब दोषों को गिनाकर आलोचकों का कथन है कि इनके नाटकों का अभिनय नहीं हो सकता।

इन आक्षेपों के बारे में यह अवश्य ही कहा जा सकता है कि ये दोष सभी नाटकों पर नहीं लगाए जा सकते। चन्द्रगुप्त को छोड़कर सभी नाटक छोटे हैं। 'स्कन्दगुप्त' और 'ध्रुवस्वामिनी' का अभिनय पूर्णरूपेण, प्रभावशाली हो सकता है। 'ध्रुवस्वामिनी' अभिनय की दृष्टि से प्रसाद का सर्वश्रेष्ठ नाटक है। यह तीन अंकों का नाटक है। प्रत्येक अंक में एक-एक ही दृश्य है। संकलनत्रय का सबसे अधिक निर्वाह भी मिलता है।

तात्पर्य यह है कि स्वच्छन्दतावादी नाटककारों में प्रसाद की प्रवृत्ति क्रमशः अभिनेयता की ओर ही रही है। वे भी नाटकों को रंगमंच के अनुकूल ही लिखने के पक्ष में थे। उन्होंने अपने नाटकों के संबंध में कहा भी है कि उनके नाटक 'चवन्नी छाप' लोगों के लिए नहीं हैं। इस तरह उनके नाटकों को अभिनीत कराने के लिए रंगमंच को नई साज-सज्जा और सुविधाओं से पूर्ण करना अति आवश्यक है।

युगीन नाटककार

प्रसाद युग के अन्य नाटककारों पर दृष्टिपात करने पर ज्ञात होगा कि प्रसाद

की सर्जनात्मक प्रतिभा का व्यापक प्रभाव किसी लेखक पर दिखाई नहीं पड़ता। यह प्रभाव ऐतिहासिक नाटक धारा पर तो पड़ ही सकता था परन्तु वहाँ पर भी कोई चिन्ह दिखाई नहीं पड़ते। संभवतः इसका कारण यही कहा जा सकता है कि प्रसाद का व्यक्तित्व इतना ऊँचा था कि उसने दूसरों के व्यक्तित्व को अपने भीतर छिपा लिया था। जिस तरह सूरदास और तुलसीदास की रचनाओं के पश्चात् उनके प्रतिपादित विषयों पर लिखे गए अन्य ग्रन्थों पर पाठकों का विशेष ध्यान नहीं जाता। ठीक उसी प्रकार प्रसाद की नाट्य रचनाओं के सामने अन्य नाटककारों की कृतियाँ धूमिल सी पड़ जाती हैं। अन्य लेखकों में प्रसाद सा मननशील और अध्येता नहीं हो सका जो बुद्धिवादी युग में शिक्षित समाज के समक्ष कोई नवीनता प्रस्तुत कर सकता। प्रसादयुगीन अन्य लेखकों ने जो भी सृजन किया, वह अधिकतर रंगमंचीय साहित्य था। इन लेखकों ने अधिकतर ऐतिहासिक और पौराणिक नाटकों की रचना की।

हिन्दी साहित्य में कहानीकार के रूप में सुदर्शन का नाम अत्यधिक लोकप्रिय रहा है। नाटककार के रूप में आपने ख्याति अर्जित की है। सुदर्शन को प्रेमचंद-युग के कहानी लेखक और प्रसाद-युग के नाटककार कहना अधिक उपयुक्त होगा। 'दयानंद' (1917 ई.) इनका ऐतिहासिक नाटक है। 'अंजना' (1922 ई.) पौराणिक और 'ऑनरेरी मजिस्ट्रेट' (1922 ई.) सफल प्रहसन हैं। 'अंजना' नाटक कथा की दृष्टि से रोचकता अवश्य लिए है किन्तु नाटकीय तत्वों पर इसका विशेष मूल्य नहीं आंका जा सकता। 'अंजना' के संदर्भ में डा. सोमनाथ गुप्त का कथन उचित जान पड़ता है। लेखक ने अपने वस्तु-विन्यास को बड़ा जटिल बना दिया है। उसमें एक पेंच के अन्दर दूसरा पेंच दिखाई देता है जिसके कारण वस्तु का अनावश्यक विस्तार हो गया है।

''ऑनरेरी मजिस्ट्रेट' सफल प्रहसन है। अपढ़ मजिस्ट्रेट किस प्रकार न्याय का गला घोटते हैं और पैसा कमाना ही अपने जीवन का लक्ष्य समझते हैं। इस प्रहसन में अच्छी तरह प्रस्तुत किया गया है। 'धूपछाँव' संभवतः 1940ई. में प्रकाशित हुआ। इसके प्रकाशित होने के पूर्व ही इसी नाम से फिल्म भी बन चुकी थी। इसमें कथा में कौतूहल तथा नाटकीयता-रहस्य भी है।

इनके नाटकों में हम गंभीर प्रभाव, चरित्र की विचित्र झाँकियाँ, मनोवैज्ञानिक परिवर्तन आदि का प्रभाव स्पष्ट रूप में पा सकते हैं।

उग्र जी भी कथाकार के रूप में अधिक प्रसिद्ध हैं। आपने 'महात्मा ईसा' (1922) और 'गंगा का बेटा' (1940) दो नाटक लिखे। 'महात्मा ईसा' प्रसाद की सांस्कृतिक गंगा की ही एक धारा है। यह भी भारतीय सांस्कृतिक चेतना

की एक चिंगारी कही जा सकती है। ईसा के चरित्र में अतिमानवता, अहिंसा, शांति, विश्व-प्रेम, जन-कल्याण आदि की दैवी भावनाएँ कूट-कूट कर भरी हैं। इसमें उग्र की शैली की जिन्दादिली और भावनामयता का अच्छा चमत्कार दिखाई देता है। पारसी रंगमंच की शोखी और गांधीवादी युग की सुधार भावना दोनों को यहाँ एक साथ ही देखा जा सकता है।

'महात्मा ईसा' ऐतिहासिक सत्य है। परन्तु इस नाटक में इस चरित्र का केवल आधार है। यह एक चरित्र-प्रधान नाटक है। इसमें चरित्रों का उत्थान-पतन, विकास-ह्रास नहीं मिलता। ईसा की शांति प्रायः निष्क्रिय और अन्तर्द्वन्द्वहीन है। नाटक में भाषा की प्रौढ़ता स्पष्ट झलकती है। अभिनेयता और रसानुभूति दोनों ही दृष्टियों से यह नाटक एक सफल कृति कही जा सकती है। गीतों का भी प्रयोग है। ये गीत हिन्दु-मुस्लिम एकता का परिचय तो देते ही हैं साथ ही इनमें विश्व-प्रेम और राष्ट्रीय प्रेम भी दृष्टव्य है।

'गंगा का बेटा' में भीष्म प्रतिज्ञा की कथा है। 'चार बेचारे' उग्र जी के प्रहसनों का संग्रह है। इसमें हास्य और व्यंग्य को पर्याप्त स्थान दिया गया है।

भट्ट जी के सामने बहुत स्वस्थ और कलापूर्ण नाटक साहित्य नहीं था इस कारण नाट्य कला से परिपूर्ण उनके नाटक भले ही न मिलें परन्तु उस समय की नाट्य प्रगति की दृष्टि से देखें तो उनके नाटक सुन्दर बन पड़े हैं। भट्ट जी ने ऐतिहासिक और पौराणिक दोनों प्रकार के नाटकों पर अपनी लेखनी चलाई है।

'वेन चरित', 'कुरु-वन-दहन' पौराणिक नाटक हैं। 'चन्द्रगुप्त', 'तुलसीदास' और 'दुर्गावती' ऐतिहासिक और 'चुंगी की उम्मीदवारी' तथा 'मिस अमेरिकन' प्रहसन हैं।

'वेन चरित' में राजा वेन के अत्याचारों का वर्णन है। 'कुरुवन दहन' में 'वेणी संहार' की कथा है। 'चन्द्रगुप्त' में चाणक्य, राक्षस, चन्द्रगुप्त सभी सिर्फ ऐतिहासिक पात्र भर रह सके हैं। उनका न तो चरित्र-चित्रण ही ठीक बन सका है न ऐतिहासिक वातावरण ही। 'तुलसीदास' में रामचरित मानसकार का जीवन वर्णित अवश्य है परन्तु वह किंवदन्तियों पर अधिक आधारित है। भट्ट जी के सभी नाटकों में 'दुर्गावती' सर्वश्रेष्ठ है। इसमें राष्ट्रीय जागरण को चित्रित करने का प्रयास भी लेखक ने किया है। इसमें चरित्र विकसित हुए हैं। घटनाएँ भी अधिकतर स्वाभाविक हैं।

'कुरुवन दहन' की भूमिका में भट्ट जी ने अपने नाटक का उद्देश्य स्पष्ट किया है। इसको यदि 'वेणी संहार' का रूपांतर कहें तो भी अनुचित न होगा।

इसे पढ़ने पर पाठकों को मालूम हो जाएगा कि उपर्युक्त संस्कृत नाटक की सहायता से लिखे जाने पर भी इसका नाम बदलना सर्वथा उचित ही हुआ है क्योंकि इनमें बड़ा अन्तर है। कितने ही नए व्यक्ति, कितनी नई बातें, इसमें सम्मिलित कर दी गई हैं।

उसकी और इसकी शैली में भी बड़ा भेद है। यह अंग्रेजी ढंग पर 'ऐक्ट' (अंकों) तथा सीन (दृश्यों) में विभाजित किया गया है जिससे खेलने में सुगमता पड़े। अंग्रेजी नाट्य-रचना-पद्धति संस्कृत नाट्य-रचना-पद्धति से कहीं उन्नत तथा समयोपयुक्त है इसलिए उसका ही अनुसरण करना उचित समझा गया।

भट्ट जी का प्राक्कथन उनके उद्देश्य को बिल्कुल स्पष्ट कर देता है। उनके प्रहसनों की यही विशेषता है कि लेखक उपदेशक या सुधारक नहीं बना है। घटनाओं का विकास स्वयं ही होता चला गया है और कोई उपदेशप्रद परिणाम निकालने का प्रयास लेखक ने नहीं किया है। भट्ट जी उच्चकोटि के प्रहसन लेखक थे इसमें सन्देह नहीं।

भट्ट जी ने प्रहसनों द्वारा हास्य प्रस्तुत किया है जो काफी परिष्कृत है। वे केवल भद्दी स्थितियाँ उत्पन्न करके नहीं हँसाते और न केवल शब्दों में ही हास्य उत्पन्न करते हैं अपितु स्वाभाविक चरित्र-वैचित्र्य और अर्थ में भी हास्य प्रदान करते हैं।

'प्रताप-प्रतिज्ञा' से 'मिलिन्द जी' एक सफल एवं प्रतिभाशाली नाटककार के रूप में प्रकट हुए। यह ऐतिहासिक नाटक स्वदेश-प्रेम की भावना से ओत-प्रोत है। यद्यपि प्रसिद्ध ऐतिहासिक कथानक लिया है परन्तु सभी का संदेश वही है—देश की स्वतंत्रता पर बलिदान होने की आकांक्षा।

'प्रताप-प्रतिज्ञा' में सामन्ती युग की वीरता, देश-प्रेम, बलिदान, शौर्य और कुलाभिमान का सफल चित्रण है।

'मिलिन्द जी' ने दूसरा नाटक 'समर्पण' लिखकर सामाजिक नाटक लिखने की ओर पग बढ़ाया। नारी इस नाटक में स्थान-स्थान पर बहुत ही स्वतंत्र चिंतक और शक्तिशाली बन सकी है।

इस नाटक द्वारा लेखक ने विवाह की अनिवार्यता सिद्ध की है। भाषा साहित्यिक, शुद्ध, स्वच्छ और भावोत्पादक है।

कौशिक जी ने ऐतिहासिक नाटक 'भीष्म' की रचना की है। यह एक रंगमंचीय नाटक है। कौशिक जी की यह रचना रंगमंचीय दृष्टिकोण के समीचीन मानी जा सकती है किंतु साहित्यिक दृष्टि से उनकी उपयोगिता नहीं।

मिश्र बन्धुओं के 'पूर्व-भारत' में महाभारत के आदि पर्व से लेकर विराट

पर्व (उत्तरा विवाह) तक की कथा आ गई है। कथानक को आगे बढ़ाने में कहीं-कहीं कल्पना की सहायता ली गई है जो कि नाटक की स्वाभाविकता के लिए आवश्यक भी है।

नाटक में कविता का भी प्रयोग मिलता है जिसकी भाषा ब्रज है। मिश्र-बन्धुओं के 'उत्तर-भारत' नाटक में विराट-पर्व के बाद का कथानक है। दोनों नाटक मध्यम श्रेणी के हैं। मिश्र-बन्धुओं ने 'नेत्रोन्मीलन' (1915) की रचना भी की थी। इसमें सरकारी अदालतों का दृश्य है।

वियोगी जी प्रसादयुगीन कृष्ण-धारा के नाटककार हैं। भगवान् श्रीकृष्ण की छद्म लीला वाली कथा को आधार बनाकर इन्होंने 'छद्म-योगिनी' (1923 ई.) की रचना की। इसमें नाटकीय गुणों का समावेश है परन्तु पद्य की अधिकता है। इसके अतिरिक्त 'प्रबुद्ध-यामुने' (1926) भी इनका नाट्य ग्रन्थ है जिसका कथानक भी कृष्ण-भक्ति से ही संबंधित है।

पन्त जी प्रसाद युग में अपने कई सफल एवं सुन्दर नाटकों से प्रसिद्ध हुए हैं। यद्यपि कहानी के क्षेत्र में आपकी लेखनी चली किन्तु नाटककार के रूप में ही वे अधिक सफलता प्राप्त कर सके हैं। अपने नाटकों की रचना कला की प्रेरणा स्वरूप ही की है। आपके नाटकों का कथानक किसी विशेष एक धारा को लेकर नहीं हुआ। इनकी कथाएँ इतिहास, आधुनिक समाज और पुराणों से चुनी गई हैं। ऐतिहासिक कथानक को लेकर 'राजमुकुट' और 'अन्तःपुर का छिद्र' एवं पौराणिक कथानक को लेकर लिखे गए नाटकों में 'वरमाला' एक सुन्दर कृति है। 'अंगूर की बेटी', 'सिन्दूर की बिन्दी' वर्तमान समाज की कहानियों पर आधारित हैं।

पन्त जी के नाटकों में 'मंगलाचरण' एवं भरतवाक्य के जैसे गीत, नायक के शास्त्रोक्त गुण, स्वगत भाषण, काव्य न्याय, सुखान्त भावना और संगीत इन पर संस्कृत नाट्य-शैली का प्रभाव प्रतिपादित करते हैं। साथ ही यथार्थ दिग्दर्शन प्रभावान्विति, रक्त रंजित घटनाएँ, अंग्रेजी के शब्द इन पर अंग्रेजी नाटकों का प्रभाव सिद्ध करते हैं।

घटनाओं को नाटकीय स्वरूप देने में पन्त जी अत्यंत सफल नाटककार हैं। उनके नाटकों में कौतूहल आकस्मिकता, जिज्ञासा आदि के लिए पर्याप्त सामग्री रहती है। पन्त जी पर पारसी कम्पनियों के रंगमंचीय नाटकों का प्रभाव भी दिखाई पड़ता है फिर भी उनके नाटकों की अपनी मौलिकता है।

सेठ जी ने संस्कृत और अंग्रेजी नाट्य शास्त्रों एवं नाट्य पद्धतियों का गहन अध्ययन किया है। दोनों ही पद्धतियों से प्रभावित इनके नाटकों को देख सकते

हैं। आपने पौराणिक और ऐतिहासिक दोनों प्रकार के नाटकों की रचना की है। 'कर्ण', 'विकास', 'अशोक', 'शेरशाह' आदि उनकी पौराणिक रचनाएँ हैं। ऐतिहासिक 'रहीम' और 'भारतेन्दु' दोनों ही ऐतिहासिक नाटक हैं। रहीम के जीवन के 50 वर्ष और हरिश्चन्द्र के जीवन के 30 वर्ष का समय इनकी कथावस्तु में ग्रहण किया गया है। अपने नाटकों में भाषा को पात्रों के स्वरूप, उम्र, स्थिति, शिक्षा, जाति, देशकाल के अनुरूप ही अपनाने की कोशिश की है। स्वगत कथन एवं संगीत को भी स्थान दिया है।

इनके नाटकों पर कभी स्वच्छंदतावादी नाटकों का और कभी आधुनिक नाटकों का प्रभाव दिखाई देता है। भावात्मक भाषा, अतिरंजनापूर्ण दृश्य, वध और हत्याएँ आदि प्रसंग शेक्सपीयर से प्रभावित दिखाई पड़ते हैं। इसके अतिरिक्त समस्या का योग्य प्रतिपादन, बौद्धिकता, पात्रों में मानवता की भावना आदि आधुनिक नाटकों के प्रभाव से प्रभावित दिखाई पड़ते हैं।

ये नाटक में मुख्य विचार, जीवन समस्या संघर्ष बाह्य और आन्तरिक, समस्या की महानता, संघर्ष की तीव्रता, कथोपकथन के सहारे कथानक का विकास और कथोपकथन की स्वाभाविकता को अनिवार्य मानते हैं।

कविता के क्षेत्र में आपने उसी उत्साह और तीव्र गति से सृजन किया है जिस उत्साह, उल्लास एवं तीव्र गति से नाटकीय क्षेत्र में। आधुनिक नाटककारों में पंडित उदय शंकर भट्ट का अपना एक विशिष्ट स्थान है। इन्होंने पौराणिक, ऐतिहासिक एवं सामाजिक नाटकों से साहित्य की श्री वृद्धि की है। इनके गीति नाट्य और भाव-नाट्य साहित्य का शृंगार हैं।

'प्रसाद' ने जिस तरह भारतीय इतिहास से आर्य शक्ति और गौरव का स्वर्ण युग चुना, भट्ट जी ने पुराणकालीन जीवन और संस्कृति को अपनी कला का क्षेत्र बनाया। 'विश्वामित्र', 'मत्स्यगंधा', 'राधा' और 'मेघदूत' आदि में हम भट्ट जी के प्राचीनता के मोह को देख सकते हैं।

'दाहर', 'विक्रमादित्य', 'मुक्तिपथ' और 'शक विजय' ये ऐतिहासिकता की शिला पर आधारित हैं।

ये पुरातन वस्तुओं को भी अर्वाचीन दृष्टि से देखकर उसमें सामयिक समस्याओं का चित्रण करते हैं।

'कमला' और 'अन्तहीन अन्त' में आपने सामाजिक समस्याओं को सुलझाने की कोशिश की है। एकांकी के क्षेत्र में भी भट्ट जी का काम उल्लेखनीय है। 'अभिनव एकांकी नाटक', 'स्त्री का हृदय', 'समस्या का अन्त', 'धूपशिखा' आदि एकांकी संग्रहों में वर्तमान जीवन की विभिन्न तस्वीरें हैं।

भट्ट जी के नाटकों की विशेषता कही जा सकती है कि उनके नाटक अतीत में रहते हुए भी आधुनिक समस्याओं को खोज लाते हैं। इतिहास और कल्पना का सामंजस्य भी आपने किया है जो विद्वत्ता का परिचायक है। नाट्य कला की दृष्टि से इनके नाटकों को उत्कृष्ट नहीं कहा जा सकता।

प्रसाद युग में प्रसाद का व्यक्तित्व ही सर्वोपरि रहा। साहित्यिक और रंगमंचीय नाटक साहित्य में प्राचीन के प्रति अनुराग, देश-प्रेम की भावना, हिन्दू मुस्लिम एकता की आवश्यकता, पुरुषों की स्वार्थपरता से दबी नारी का स्वतंत्र व्यक्तित्व आदि विषयों की प्रधानता रही। यह युग रोमांस और भावुकता की गहरी छाप लिए हुए था।

इस युग की नाटकीय विशेषताओं में निम्नलिखित बातें देखी जा सकती हैं—

1. इस युग में प्रसाद का व्यक्तित्व सर्वोपरि रहा।
2. रंगमंचीय दृष्टिकोण से लिखे अथवा साहित्यिक दृष्टि से रचे हुए नाटकों में प्राचीनता के प्रति मोह अवश्य ही मिलता है।
3. स्वच्छंदता और भावुकता को अधिक स्थान मिला है।
4. राष्ट्रीयता एवं नारी स्वातंत्र्य की पुकार भी इन नाटकों में मिलती है।
5. नारी की शक्ति को उचित महत्व प्रदान किया गया है।
6. हृदय पक्ष और बुद्धि पक्ष दोनों का समावेश कर नाटकों का निर्माण हुआ है।

भाषा, भाव, शैली, कला सभी दृष्टि से प्रसाद युग हिन्दी-नाटक साहित्य का स्वर्ण युग है। काश्मीर की प्रशंसा करते हुए जहाँगीर ने कहा था "यदि स्वर्ग कहीं है तो यहीं है, वह यहीं है।" हमारे प्रसाद ने भी इसी पृथ्वी को स्वर्ग बनाने का प्रयत्न किया है, मनुष्य की विषमता प्रिय प्रकृति में से स्वार्थपरता और महत्वाकांक्षा की दुष्प्रवृत्ति को निकाल कर उसमें समता, करुणा और सहानुभूति का दीप जलाकर।

'मृत्युंजय' : गांधी दर्शन का रंगमंच

पं. लक्ष्मीनारायण मिश्र के जीवन पर गांधी-दर्शन का प्रभाव रहा है। यही कारण है कि उनके ऐतिहासिक एवं पौराणिक नाटकों के चरित्र भी अहिंसा तत्व के सहारे अपने शत्रु पक्ष के लोगों के हृदय परिवर्तन कर सके हैं। युगपुरुष गांधी के जीवन से मिश्र जी अपने विद्यार्थी काल से ही प्रभावित रहे हैं। "उनके शब्द कानों में प्रवेश कर मन तक कई बार पहुँचे। उनकी निर्विकार हँसी और व्यक्तित्व से शून्य हो जाने की वृत्ति का बोध भी मुझे उन्हीं दिनों मिला था।"

नाटककार मिश्र जी के किसी मित्र ने उन्हें बार-बार राष्ट्रपिता गांधी के जीवन पर नाटक लिखने के लिए प्रेरणा दी थी। इस प्रकार स्वतः ही गांधी जीवन दर्शन के प्रति श्रद्धा एवं अगाध विश्वास तथा अपने मित्र की प्रेरणा से प्रेरित होकर मिश्र जी ने 'मृत्युंजय' की रचना सन् 1958 ई. में की। गांधी के जीवन चरित्र से सामग्री एकत्र कर उसे व्यवस्थित रूप देकर नाटककार ने एक सुंदर नाटक का रूप दिया है। गांधी के इतिवृत्त पर रचे इस नाटक में गांधी, पटेल, नरेन्द्र देव, आजाद, मीरा बेन, सरोजिनी नायडू आदि को अपने नाटक के पात्रों के रूप में अंकित कर नाटक में भारतीय संस्कृति तथा साहित्य एवं कला की मान्यताओं की व्याख्या की गई है। व्याख्याता काशी हिन्दू विश्वविद्यालय वाराणसी के समाज विज्ञान के हरिश्चन्द्र जी के अनुसार—

"इस रचना में आए गांधी के संवाद और विभिन्न परिस्थितियों में किए गए विभिन्न कर्म भारतीयता के दर्पण बन गए हैं, जिनमें भारतीयता का मृत्युंजयी रूप दिखाई पड़ता है। कदाचित् इसी अर्थ में इस नाटक का नाम भी मृत्युंजय है।"

गांधी जैसे युग नेता को प्रतिनिधि मानकर नाटककार ने साहित्य, कला, धर्म, अध्यात्म के संदर्भ में भारतीय नैतिक मूल्यों की विवेचना की है। रचयिता

ने गांधी जी के राजनैतिक स्वरूप को महत्ता न देकर उनकी विचार प्रणाली को प्रमुखता दी है। प्रथम अंक में गांधी, पत्नी एवं पुत्र के वियोग में विकल हैं। सरदार पटेल एवं सरोजिनी नायडू के अनुरोध पर बा के विषय में व्यक्त किए गए गांधी जी के विचार बड़े ही हृदयस्पर्शी बन पड़े हैं–

"गांधी–पुत्र का शोक पत्नी से अधिक होता है। बा की अर्थी को कंधा लगाने में मुझे शोक का अनुभव नहीं हुआ। पुण्य कर्म लगा वह मुझे। मेरे जीवन में वह गई इसलिए भरी पूरी गई पर महादेव के शव को छूकर मैं पापी बन गया। पिता का पाप जब हिमालय से भारी हो जाता है तब उसे पुत्र का शव छूना पड़ता है। (भारी स्वर और कंपन)।"

इस कथन में हमारे राष्ट्र के भारतीय संस्कारों को निरूपित किया गया है कि पत्नी की मृत्यु पति के पूर्व होना उचित है। परन्तु पुत्र की मृत्यु यदि पिता के समक्ष हो तो उस जैसा दुर्भाग्य और किसी का नहीं है। मिश्र जी ने भारतीय जीवन के संदर्भों में धर्म, साहित्य, दर्शन कला की विवेचना गांधी के माध्यम से की है। इन आदर्शों की विवेचना के मध्य पाश्चात्य साहित्य और साहित्यकारों की आलोचना भी की है। द्वितीय अंक में गांधी जी देश विभाजन के प्रस्ताव पर अपनी स्वीकृति देने के पहले आत्मग्लानि का अनुभव करते हैं। यहाँ पर नाटककार ने देश में फैली साम्प्रदायिकता की भावना पर अन्य नेताओं के मध्य गांधी जी की चर्चा कराई है। तृतीय भवन में बिड़ला भवन का दृश्य है। प्रार्थना सभा में सैनिकों के अनुशासन से गांधी मुक्ति चाहते हैं। ज्यों ही दो कुमारियों के सहारे से गांधी बाहर आते हैं त्यों ही गोलियों द्वारा धराशायी हो 'हे राम' कह उठते हैं।

कथावस्तु की दृष्टि से 'मृत्युंजय' बहुत ही शिथिल कृति है। इस नाटक की कथावस्तु को इस प्रकार संगठित किया है कि उसमें कथा का महत्व स्वतः ही कम हो गया है। कथा में तारतम्यता एवं गठन नहीं है। इसमें घटनाओं का विकास स्वाभाविक रूप में उभरकर नहीं आया। यत्र-तत्र संस्कृति, धर्म, दर्शन, समाज और साहित्य की चर्चा को ही अधिक प्रश्रय मिला है। प्रासंगिक कथानकों की संख्या इतनी अधिक हो गई है कि नाटक की मुख्यकथा में धुंधलापन आ गया है।

मिश्र जी ने गांधी के जीवन तथा उनके विचारों को अभिव्यक्ति प्रदान करने के हेतु जीवनी का एक छोटा सा अंश ग्रहण किया है। गांधी जी नायक हैं इसलिए सम्पूर्ण कृति पर उनका व्यक्तित्व आच्छादित है। अन्य प्रमुख पात्र भी जाने पहचाने हैं। कल्पना से निर्मित कोई भी पात्र इस नाटक में नहीं आ सका है। गांधी जी

भारतीय संस्कृति के अनन्य समर्थक एवं देश के सर्वोच्च जन नायक हैं। धर्म के संदर्भ में उनका कथन है—"इस देश के धर्म का कहो तो इसे समूची सृष्टि का सनातन धर्म भी कह सकते हैं। अपने धर्म को हम सनातन इसलिए कहते आए हैं कि वह व्यक्ति या व्यक्तियों से बने समूह का न होकर सृष्टि के मूल का धर्म है।

गांधी जी का चरित्र स्थिर आदर्शमय रूप में प्रस्तुत हुआ है। नाटक में कार्य-व्यापार के लिए स्थान नहीं मिला इसलिए चरित्रों की अभिव्यक्ति कथोपकथनों के ही माध्यम से हुई है। गांधी जी को एक भावुक कवि हृदय नेता के रूप में चित्रित किया है। उनमें अपने देश की संस्कृति, धर्म एवं दर्शन पर अगाध विश्वास एवं श्रद्धा है। इसी कवि हृदयता एवं भावुकता को देखकर एक स्थान पर सरोजिनी कहती है—

"बापू कवि बने होते तो इस युग के कालिदास होते।"

पश्चिमी साहित्य विशेषतः शेक्सपीयर के नाटकों को वे भारतीय जनता के लिए घातक मानते हैं। राष्ट्रभाषा के प्रबल समर्थन में उनकी भाषा कुछ प्रखर हो गई है।

सरदार पटेल प्रधान पात्रों में हैं। अंग्रेजी साहित्य तथा सभ्यता से प्रभावित लगते हैं किन्तु गांधी जी के व्यक्तित्व ने उन्हें अपने रंग से रंग दिया। लोहे से दृढ़ चरित्र का अंकन यहाँ धुंधलापन लिए है। इसी तरह सरोजिनी नायडू, मौलाना आजाद आदि के चरित्रों का चित्रण अनुदारता से हुआ है।

डा. शशि शेखर नैथानी के अनुसार—"नाटक के नायक महात्मा गांधी का चरित्र इस प्रकार चित्रित किया गया है कि यदि उनके नाम का उल्लेख न होता और उनके जीवन से संबंधित विशिष्ट घटनाओं की चर्चा न की गई होती तो गांधी जी को पहचानना भी संभव न होता। नाटककार ने अपने 'भाव लोक' के रंग से सभी पात्रों का इतना संस्कार कर दिया है कि वे सरलता से पहिचाने भी नहीं जा सकते।"

इसी प्रकार हम संवादों के संदर्भ में भी कह सकते हैं। चरित्र-चित्रण के लिए प्रयुक्त सभी संवादों की भाषा में जैसे मिश्र जी ने अपने निजत्व को ही लय कर दिया है। संवादों में तत्सम शब्दावली प्रयुक्त है। अन्य पात्रों के संवादों में विशेषकर मौलाना के कथोपकथनों में उर्दू फारसी के शब्द भी ग्रहण किए हैं। भाषा व्यावहारिक है। भाषा में गंभीरता आने का कारण, नाटक में चर्चित धर्म, साहित्य, कला, दर्शन आदि विषयों की गंभीरता है।

रस की दृष्टि से 'मृत्युंजय' को किसी रस विशेष की कोटि में नहीं रखा जा

सकता। इसमें बा की मृत्यु के प्रसंग पर वियोग श्रृंगार के साथ करुणा है। इसी तरह स्वप्न में किशोरी पत्नी की अनुभूति संयोग श्रृंगार की झांकी दे जाती है। इसी के साथ अन्त में भयानक, करुण एवं शांत रस की भी सृष्टि हुई है।

अभिनेयता के संबंध में डा. श्यामसुन्दर शुक्ल का कथन है–

"इस नाटक के पूर्णतः अभिनेय होने का तो दावा नहीं किया जा सकता किंतु इतना अवश्य है कि इसमें गांधी जी के सम्पूर्ण जीवन की प्रधान घटनाएँ उनके विचार और विश्वास बड़ी कुशलता के साथ प्रस्तुत किए गए हैं।"

मृत्युंजय में तीन अंक हैं। हर एक अंक का एक दृश्य है। यह 134 पृष्ठों का नाटक है। पहले अंक के दृश्य के लिए सड़क, बरामदा एवं कमरे के अंदर घटित होने वाले कार्यों की पृष्ठभूमि है। ये सभी दृश्य एक ही 'सेट्' पर नहीं किए जा सकते। इसी प्रकार संस्कृत के तत्सम शब्दों से पूर्ण लंबे-लंबे संवादों को अभिनय के समय बोल पाना अत्यंत कठिन है। संवादों की लम्बाई का दोष सम्पूर्ण नाटक में विद्यमान है।

एक-एक पृष्ठ लंबे संवादों को बिना अभिनय के रटे-रटाए ढंग से तो बोलना संभव नहीं है और फिर रंगमंच पर अकेला एक पात्र ही बहुत देर तक बोलता रहेगा तो प्रेक्षक कहाँ तक अपना धैर्य संभाल सकेंगे। फिर भले ही यह गांधी का अभिनय करने वाला अभिनेता ही क्यों न हो।

मृत्युंजय गांधी के माध्यम से भारतीय संस्कृति, धर्म, दर्शन इत्यादि से संबंधित विचारों को व्यक्त करना ही नाटक की रचना में नाटककार का उद्देश्य रहा है।

'वीर शंख'
एक सांस्कृतिक विरासत

आधुनिक युग में रहकर भी पं. लक्ष्मीनारायण मिश्र जी द्वारा 'वीर शंख' जैसी ऐतिहासिक रचना सरस्वती के मंदिर में अर्पित करना निश्चय ही उनके संस्कृति प्रेम का ही परिचायक है। 'वीर शंख' का प्रकाशन सन् 1967 ई. में हुआ है। इस नाटक में हूणों की संहारलीला का वर्णन किया गया है। ऐतिहासिक नाटक में तत्कालीन वातावरण उतरता है। तत्कालीन लोक जीवन, सामाजिक समस्याएँ, सुख-दुख, आशाएँ, आकांक्षाएँ ही मुख्य रूप में नाटककार द्वारा उभारी जाती हैं। ऐतिहासिक घटनाओं को ही मुख्य आधार बनाकर उभारना उसका प्रथम कर्तव्य नहीं है। इसी बात को मिश्र जी ने इस नाटक में स्थान दिया है। आचार्य कालमणि ने अपने शिष्यों को प्रेरणा देकर उन्हें राष्ट्र के धर्म के प्रति जाग्रत किया एवं बर्बर हूणों को संस्कार प्रदान किए।

नाटककार का कथन है—इस नाटक में हूणों की उस संहार लीला का वातावरण उभर कर आया है जिसमें वक्षु से और उत्तर-पश्चिम कश्यप समुद्र से लेकर नर्मदा के तट तक राजवंश उखड़ गए, नगरियाँ, महानगरियाँ, ग्राम जनपद सब के सब मिट गए। पारसिकों का ध्वंस कर यवन अलिक सुंदर ने जिस यवन सभ्यता का प्रचार विस्तार भारत तक किया था जिसके अवशेष पर शक, कुषाण आदि दूसरी पद्धतियाँ उभरीं थीं उन सबका संहार हूणों की चोट में हो गया।"

इस प्रकार उस समय हूणों के आक्रमण के बाद इस राष्ट्र की स्थिति बड़ी भयानक रही। इस देश के आचार्यों एवं शिष्यों ने समय-समय पर अपने हृदय की विशालता का परिचय दिया है। जातीय संस्कार की रक्षा के लिए प्रजा स्वयं अपनी रक्षा के लिए इन्हीं आचार्यों द्वारा तत्पर हो सकी है। चाणक्य एवं पुष्यमित्र जैसे आचार्यों के नाम इस देश में राष्ट्रीयता की भावना के लिए अमरता प्राप्त

कर चुके हैं। इसी शृंखला में मिश्र जी के संस्कारी हृदय ने उज्जयिनी के आचार्य कालमणि के माध्यम से चाणक्य एवं पुष्यमित्र के इतिहास को दोहराया है।

''राजसत्ता के मिट जाने पर प्रजा ने स्वयं अपनी रक्षा की। चाणक्य और पुष्यमित्र जैसे आचार्यों ने जो कार्य अपने युग में किया था वही कार्य इस नाटक में उज्जयिनी के आचार्य कालमणि ने अपने शिष्यों को प्रेरित कर तरुणों और प्रजा को प्रेरित कर उन असभ्य हूणों को संस्कार दिया है।

यवनों के राजा अलिक सुंदर के आक्रमण, हिंसा और लूट-खसोट के लिए जो कार्य आचार्य विष्णुगुप्त ने अपने शिष्य चन्द्रगुप्त से कराया था वही कार्य हूणों के विरोध में आचार्य कालमणि ने अपने शिष्य केशवचंद्र द्वारा कराया है।

हूणों की बर्बरता के चित्र नाटककार ने प्रस्तुत किए हैं कि किस प्रकार बर्बर हूण क्षात्रप अपने शत्रुओं के कपालों को चषक बनाकर मदिरापान का आनंद लूटते थे। इनके सैनिक शत्रु-सैनिकों का कंठ अपने पैने दाँतों से काटकर वहीं रक्तपान करते थे एवं हूण कन्याएँ अपने सौंदर्य में अभिवृद्धि करने के लिए नर रक्त से अपनी त्वचा पर चमक दिया करती थीं।

ऐसे बर्बर, हिंसक एवं राक्षसी कुकृत्यों वाले हूणों का हृदय परिवर्तन बड़े ही अहिंसक ढंग से कालमणि के द्वारा हुआ है। अपनी जाति, धर्म और संस्कृति की रक्षा के लिए उत्कृष्ट चरित्रों की सृष्टि की है।

कालमणि अवंती विद्यापीठ का आचार्य है। आचार्य होकर भी राष्ट्र पर आए हुए संकट को दूर करने के लिए वह अत्यंत ही प्राण-पण से प्रयत्नशील है। भारत के चप्पे-चप्पे से हूणों के प्रतिकार के लिए वह सेनाएँ भेजता है। उसका कथन है– ''देश की रक्षा राजा की सेना नहीं करती भद्र। देश की प्रजा करती है।'' अत्याचारी शत्रु से प्रतिशोध की भावना के लिए उसके पास अपने ही देश के संस्कार हैं।

''जिस देश में इसने जन्म लिया उसी देश ने इसे मनुष्य का कंठ काटकर रक्त पीने का ढंग सिखा दिया था। पर तुम्हारा देश वशिष्ठ जैसे मंत्र दृष्टा ऋषियों का, व्यास जैसे ज्ञान के समुद्र का, शुकदेव जैसे परमहंस का देश है। श्रीराम और श्रीकृष्ण ने जिस देश में अवतार लिया उस देश ने जो ढंग तुम्हें सिखाया हो उसके अनुरूप तुम आचरण करो।''

इसी प्रकार केशवचन्द्र आचार्य कालमणि का शिष्य एवं वाकारक के राजकुमार हैं। अपने आचार्य के आदर्शों का प्रभाव उस पर भी है। वह वीर, साहसी एवं स्नेहपूर्ण हृदय की सम्पत्ति का स्वामी है। केशवचन्द्र का व्यक्तित्व भी कालमणि के सामने धुंधला पड़ा है। उसके व्यक्तित्व के सामने तो कालमणि

का पहाड़ सा व्यक्तित्व है—

"हमारे संगठन में न तो कोई राजा है, न कोई मंत्री, न कोई सेनापति है। केवल गुरु और शिष्य हमारे भीतर हैं। आचार्य प्रधान गुरु हैं और इस सेवक को प्रधान शिष्य का पद मिला है।"

इस प्रकार गुरु के प्रति अगाध श्रद्धा है उसमें। भारतीय संस्कारों के लिए वह भगवान राम का एक पत्नीव्रत का संस्कार ग्रहण करता है।

जयन्ती आदर्श भारतीय नारी के रूप में चित्रित है। वह 'विंध्य की भैरवी' है। तथा केशवचन्द्र के प्रति उसके हृदय की तरलता उसे दूर स्वप्न लोक में बहा ले जाती है। गौरी का रूप एक त्यागमयी नारी का है। अपनी बहन जयन्ती के सुख के लिए वह अपने हृदय को कुचल देती है।

इसी तरह जयंत भी राष्ट्रप्रेमी उदार हृदय का मालव से हूणों द्वारा निष्कासित वनवासी है। खूंखार अवन्ती का हूण क्षात्रप है। पहले तो उसका रूप एक अत्याचारी हूण का है किंतु कालमणि के प्रभाव से बाद में उसका हृदय परिवर्तित हो जाता है।

चरित्रों की सृष्टि में सबसे प्रबल चरित्र कालमणि का ही बन पड़ा है। स्त्री पात्रों में गौरी भी अपने सबल व्यक्तित्व से प्रभावित करती है।

संवादों को यथावसर देशकाल के अनुरूप रखने का प्रयास किया है किंतु कहीं-कहीं संवादों में लंबाई के कारण ऊब सी होने लगती है। जैसे—पृष्ठ 35, 36, 37, 39, 40, 42, 43 पर। भाषा की दृष्टि से संस्कृत की तत्सम शब्दावली व्यवहृत हुई है। तत्सम के साथ तद्भव एवं देशज शब्दों का प्रयोग भी हुआ है। संवादों के माध्यम से नाटककार ने अधिकांश चरित्रों को उभारा है। प्रत्येक पात्र के कथनों से उस व्यक्तित्व की विशेषता स्पष्ट झलकती है।

तीन अंकों में इसकी कथा विभाजित है, प्रत्येक अंक में एक ही दृश्य है। इस तरह अभिनेयता की दृष्टि से यह बात इसके अनुकूल है। बार-बार दृश्यों के परिवर्तन से प्रेक्षक को ऊब सी हो जाती है एवं कथा की तारतम्यता भी विशृंखलित हो जाती है। इस कारण 'वीर शंख' में इस बात की यथासंभव कोशिश की गई है कि एक अंक में एक ही दृश्य हो।

नाटक के प्रारंभ में जयंत का परिचय तुरंत न देकर उसे एक पुरुष ही कहा है। इस तरह जिज्ञासा भाव प्रेक्षकों के हृदय में उठता है जो नाटक की कथावस्तु को आगे बढ़ाने में सहायता पहुँचाता है। नाटक में चारणों द्वारा गीतों की सृष्टि हुई है। किन्तु गीतों का गायन नेपथ्य से होता है। गीत अभिनय पक्ष के लिए बाध्य नहीं है। अभिनेयता के पक्ष को ध्यान में रखते हुए नाटककार ने युद्ध के

प्रसंग भी नेपथ्य में चित्रित किये हैं।

मिश्र जी ने इस नाटक की रचना के उद्देश्य के संदर्भ में ''अपनी बात'' द्वारा स्पष्ट कर ही दिया है। फिर भी यत्र-तत्र नाटक में भी वही भावना उभरी है। अपनी संस्कृति प्रेम, राष्ट्र प्रेम एवं जाति की मर्यादा के लिए नाटककार ने पात्रों के मुख से अपने विचारों की अवतारणा की है।

''आपकी भूमि का जन-जन गुरु बन सकता है। आपका देश जगत के सभी देशों का गुरु है। सब मिट जाएँगे पर आपका देश नहीं मिटेगा।''

''इस देश में राज्य संचालन धर्म करता है। राज्य-व्यवहार के नियम राजा नहीं बनाता इस देश के।''

''सेनापति ने जिसका केश पकड़ा वही कुमारी उनकी चिकित्सा करने गई है।''

इस प्रकार भारतीय जीवन दर्शन के विचारों एवं भावनाओं को अपनी सांस्कृतिक रचना 'वीर शंख' के माध्यम से मिश्र जी ने सफलतापूर्वक अभिव्यक्त किया है।

निवृत्ति प्रवृत्ति का द्वन्द्व 'लहरों के राजहंस'

'लहरों के राजहंस' ऐतिहासिक कथानक को आधार बनाकर लिखा गया मोहन राकेश का दूसरा नाटक है। अश्वघोष का सौन्दरनन्द काव्य इनका मूल आधार है। सौंदरनन्द से कथानक लेने पर भी यह पूर्णरूपेण ऐतिहासिक नहीं कहा जा सकता क्योंकि प्रस्तुत नाटक का आधार भी ऐतिहासिक है परन्तु इतने ही अर्थ में जितना इस व्याख्या में आता है। अतः लेखक की यह कृति ऐतिहासिक होते हुए भी स्वतंत्र कल्पना के कारण काल्पनिक है।

नाटक का आरंभ होता है—ऐतिहासिक परिवेश में गौतम बुद्ध के सौतेले भाई नन्द और उसकी पत्नी सुन्दरी के ऐसे अंतर्द्वन्द्व को प्रस्तुत करता है जिसका संबंध युग-युग से है और जो ऐतिहासिक परिधियों में भी आधुनिक है। सदैव सर्वत्र जीवित है। सुन्दरी एक ऐसी स्वाभिमानी, आत्मविश्वासी, साहसी और गर्वमयी नारी है जो अपने सौंदर्य, आकर्षण और प्रणय के बंधन में नन्द को बांधे रखना चाहती है, जो देवी यशोधरा के भिक्षुणी रूप में दीक्षा ग्रहण करने के दिन जानबूझ कर कामोत्सव का आयोजन करती है, रात अंतिम पहर तक भोज, नृत्य और आपानक का आदेश देती है। दूसरी ओर पत्नी के आकर्षण से बंधे, तथागत के प्रभाव से बंधे किंतु अंतर्द्वन्द्व की तीव्रता से उलझे हुए नन्द का दुविधाग्रस्त व्यक्तित्व है जो आद्यांत है और ना के बीच हिचकोले खाता रहता है।

नन्द की रुण्ड-मुण्ड आकृति देख कर सुंदरी जैसे जड़ हो जाती है, टूट जाती है, वेदना, पराजय और पीड़ा से सिसक कर वह यही कह पाती है कि इतना ही तो समझ पाते हैं ये लोग। इससे अधिक कभी नहीं समझ पाएँगे ये, कभी नहीं समझ पाएँगे। जिस प्रश्न जिस सिद्धान्त और जिस विश्वास को लिए वह

मन ही मन संघर्ष कर रही थी वह सब बिखर जाते हैं और यहीं नाटक की समाप्ति होती है।

यह नाटक तीन अंकों में अपने आप सशक्त सुगठित और भावपूर्ण है। प्रथम अंक से ही नाटक की मूल भावना, समस्या और लक्ष्य का संकेत मिल जाता है। अंक का अंत सुंदरी की पराजय और निराशा के साथ होता है जिसकी पूर्णता तृतीय अंक के अंत में होती है। द्वितीय अंक का आरंभ श्यामांग के ज्वर प्रलाप की प्रतीकात्मकता के साथ होता है। उस दिन यशोधरा ने भिक्षुणी के रूप में दीक्षा ली है। यंह अंक संवाद, सौंदर्य, नाटकीयता, प्रणयबंधन और दो पात्रों के अंतर्द्वन्द्व की दृष्टि से बड़ा ही आकर्षक और गठा हुआ है। नन्द का बार-बार आखेट में घायल हुए मृग की बात सोचना सुन्दरी का बार-बार उसे अपने सौंदर्य, शृंगार और प्रेम की मोहकता में बाँधे रखने का प्रयास, नेपथ्य से भिक्षुक-भिक्षुणियों के समवेत स्वर धम्मं शरणं गच्छामि को सुनकर सहसा विशेषक बनाती हुई सुन्दरी के हाथ का रुक जाना अनायास ही नन्द के हाथ के दर्पण का हिल जाना नन्द की तीव्र श्वास से दर्पण का धुंधला पड़ जाना अकस्मात् भिक्षुओं के स्वर के बहुत पास आकर रुक जाने पर नन्द के हाथ से दर्पण का गिरना और टूटना देखकर सुन्दरी का चौंकना यह सब कितना सांकेतिक, किन्तु कितना भावाभिव्यंजक है। अभिनय के लिए सुन्दरतम स्थल। द्वितीय अंक का अंत और तृतीय अंक का आरम्भ कौतूहल और जिज्ञासा-बुद्धि के साथ हुआ है। इस अंक में तथागत के पास से लौटे हुए नन्द का मानसिक संघर्ष है, कुछ नए प्रश्न हैं, नए विचार हैं।

मोहन राकेश की त्रासदी शृंखला की दूसरी कड़ी का नाम है—"लहरों के राजहंस" इसकी धुरी है। सुन्दरी का अहं केन्द्रित व्यक्ति जो निरंतर आघात सहता हुआ भी अपनी संवदेनशीलता से पाठक को प्रभावित करता है। इसके विपरीत उसके पति नन्द का दुविधाग्रस्त व्यक्तित्व है जो आद्यांत हाँ और ना के बीच हिचकोले खाता रहता है। सुन्दरी का व्यक्तित्व जितना जीवट है, उसका पति उतना ही सत्वहीन एवं निस्तेज है। दोनों मुख्य पात्रों से भिन्न रूप में श्यामांग की विक्षिप्तता ने नाटक को अत्यधिक प्रभावशाली एवं सघन बना दिया है। जीवन और मृत्यु, भोग और वैराग्य, के द्वन्द्व में काली छाया से भयाकुल श्यामांग 'प्रकाश की एक किरण' के लिए अकुलाता रहता है। उसकी इस आतुरता से नाटक में और अधिक तनाव उत्पन्न होता है। तीनों ओर के तनाव को चरम-सीमा पर पहुँच कर उत्तेजना के चरम-शिखर पर राकेश ने नाटक का अंत कर दिया है। इस प्रकार 'लहरों का राजहंस' की समाप्ति कथा की समाधानपूर्ण परिणति द्वन्द्व

के परिश्मन में न होकर भीष्म व्यग्रता में होती है।

भोग और वैराग्य, प्रवृत्ति और निवृत्ति के परंपरागत द्वन्द्व को राकेश ने संवेदना के धरातल पर उतारा है और उसे सैद्धान्तिक विवाद से निरंतर बचाए रखा है। परिणामस्वरूप यह नाटक भाषणबाजी का माध्यम बनने से बचा रहा और जीवंत व्यक्तियों के चरित्रांकन में सफल सिद्ध हुआ।

संवदेना पर स्थापित नाटक की कथा के वाहक मुख्यतया उसके पात्रों के व्यक्तित्व रहे हैं। सर्वाधिक संवेदनशील होने के कारण सुन्दरी का व्यक्तित्व नाटक में आरम्भ से अंत तक छाया रहता है। उसकी संवेदना का केन्द्रस्थल है—उसकी अहं चेतना। द्वितीय अंक में यह संवेदना बहुत क्षीण पड़ जाती है और तीसरे अंक में तो वह टूट ही जाती है। उसके अहं को ऐसा धक्का लगता है कि उसकी सारी शक्ति चूर्ण-विचूर्ण हो जाती है, फिर भी वह झुकती नहीं है। झुक जाती कदाचित् त्रासदी का प्रभाव उतना अधिक नहीं रहता जितना टूट कर भी अपने आपको न खोने में रहा है। सह लेने का दर्द सुन्दरी के अहं चैतन्य की त्रासदी की चरम परिणती है। जो सुन्दरी गौतम बुद्ध की साधना को यशोधरा के नारीत्व आकर्षण शक्ति की विफलता के संबंध में देखती थी, उसी का पति जब मुंडित वेश में उसके समक्ष आता है, तब उसके नारीत्वाभिमान, अपने आकर्षण की पकड़ पुरुष को बांध कर रख सकने के अभिमान को जो धक्का लगा होगा वह सहज ही अनुमेय है। सुन्दरी का दृढ़ विश्वास 'नारी का आकर्षण पुरुष को पुरुष बनाता है तो उसका अपकर्षण उसे गौतम बुद्ध बना देता है।'' उसके मन में रूप गर्व की विफलता से उत्पन्न वेदना के सम्मूर्तन में ही इस नाटक के अंत की सार्थकता है।

अभिनेयता—साहित्य की अन्य विधाओं की अपेक्षा नाटक, जन-मानस को अधिक प्रभावित करती है। मूल कारण यह है कि नाटक की अभिनेयता सामाजिक को अपने करीब लाकर उनके हृदय पर प्रत्यक्ष रूप से प्रभाव डालती है। जो नाटक अभिनय की दृष्टि से जितना अधिक सफल होगा उतना ही अधिक प्रभाव सामाजिक पर पड़ेगा। आज के युग में अभिनेयता की सृष्टि से वे ही नाटक सफल हो सकते हैं जिसमें केवल ऐसे ही दृश्य हों जो रंगमंच पर प्रस्तुत किये जा सकें। 'लहरों का राजहंस' इस दृष्टि से मोहन राकेश की सफल वृत्ति है। इसमें नंद का जंगल में आखेट करना, श्यामांग का कमल ताल में पत्थर फेंकना, गौतम बुद्ध के पास नदी के किनारे नंद का मुंडित होना, नंद का जंगल में जाकर व्याग्र से लड़ना आदि ऐसी घटनाएँ हैं जो परोक्ष रूप से घटित होती हैं केवल उनकी सूचना रंगमंच पर संवाद या ध्वनि के माध्यम से दी जाती हैं। इस तरह दर्शक

उन घटनाओं से परिचित हो जाता है और रंगमंच पर असंभव दृश्य प्रस्तुत करने की कठिनाई से मुक्ति मिल जाती है। नाटक के तीनों अंक एक ही स्थान, क्रम और दृश्य में पूरे होते हैं। 'लहरों का राजहंस' का कथानक इतना सुगठित एवं सुलझा हुआ है कि दर्शकों को बोझिल नहीं होना पड़ता। आदि से अंत तक सारी घटनाएँ एक स्थान पर दो रातों में घटित होती हैं। इस प्रकार संकलनत्रय की दृष्टि से भी नाटक सफल है।

साहित्यकार प्रायः अपनी रचना का किसी मूल संवेदना मुख्य पात्र किसी भावबिंदु पर नामकरण करता है। 'लहरों के राजहंस' का नामकरण परंपरागत रचनाओं के नामकरण से भिन्न है। 'तरंस्तेरगष्विव राजहंस' सौंदरनंद के श्लोक के आधार पर इस नाटक का नामकरण किया गया। इस नाटक में नंद और सुन्दरी के मन में जो भावनाएँ एवं अंतर्द्वन्द्व की लहरें उठती हैं उन्हीं का नामकरण है—'लहरों का राजहंस'।

नंद दुविधा में पड़ा हुआ कभी सुन्दरी के राग-रंग में डूबना है तो कभी तथागत से प्रभावित होकर परलोक की बात सोचता है। इस भावना के हिंडोले पर वह कहीं स्थिर नहीं हो पाता। जिस प्रकार चंचल लहरों पर तैरता हुआ राजहंस कहीं स्थिर नहीं हो पाता, उसी प्रकार नन्द भी भोग-विलास, राग-रंग और बौद्ध प्रभाव में कहीं स्थिर नहीं हो पाता।

आधे-अधूरे वर्तमान जीवन का यथार्थ चित्रण करने वाला यह नाटक हिन्दी साहित्य में महत्वपूर्ण स्थान रखता है। इसमें मध्यम वर्ग के परिवार की संघर्षपूर्ण कहानी नाटकीय ढंग से प्रस्तुत की गई है। पारिवारिक विघटन की समस्या को नाटककार ने बड़े ही आकर्षक ढंग से प्रस्तुत किया है। नर-नारी के आपसी तनाव से परिवार के बच्चे भी टूटते हैं, घुटन का अनुभव करते हैं। पति-पत्नी का गृह-कलह और कुंठाएँ पारिवारिक जीवन को कलेशपूर्ण एवं असहनीय बना देती हैं।

आधुनिक परिवेश की दृष्टि से मोहन राकेश के एकांकी चुपचाप अपने को संवारते हुए, जेज मनोवैज्ञानिक अंतर प्रभावों से संप्रक्त होते हुए हलचलों के बीच धीरे अंदाज से बांधने की क्षमता रखते हैं। मोहन राकेश ने समाज के उन टूटते हुए बिन्दुओं को पकड़ा है जो उलझन रहित होते हुए भी गंभीर हैं और उन्हें सामान्य पाठक आसानी से समझ नहीं पाता। उन्होंने समाज और परिवार की ढहती हुई मान्यताओं एवं परम्पराओं को बड़ी बारीकी के साथ हमारे सामने प्रस्तुत किया है।

■■